AF474518

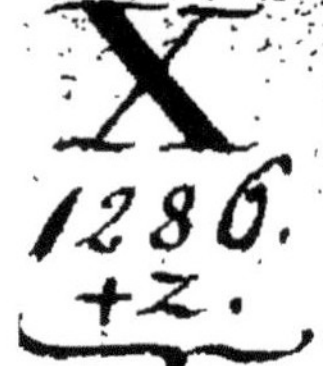

# TRAITÉ COMPLET D'ORTHOGRAPHE D'USAGE.

*Se trouve chez les Libraires ci-après.*

Allais, rue de Savoie, n.° 12.
Arthus-Bertrand, rue Hautefeuille, n.° 23.
Aumont, veuve Nyon, quai Conti, n.° 13.
Bachelier, quai des Augustins, n.° 55.
Bechet, quai des Augustins, n.° 63.
Bruneau, passage des Panoramas, n.° 35.
Brunot-Labbe, quai des Augustins, n.° 33.
Chaumerot jeune, Palais-Royal, galerie de bois, n.° 188.
Delaunay, Palais-Royal, n.° 243.
Dentu, Palais-Royal.
Eberhart, rue du Foin St.-Jacques, n.° 12.
Eymery, rue Mazarine, n.° 30.
Fayolle, rue St.-Honoré, n.° 284.
Guyot et De Pelafol, rue des grands Augustins, n.° 21.
Jombert (*libraire lexique*), rue du Paon St.-André, n.° 1.
Lenormant, rue de Seine, n.° 8.
Mongie, jeune, Palais-Royal, galerie de bois, n.° 208.
Nicolle, rue de Seine, n.° 12.
Périse, quai des Augustins, n.° 47.
Renouard, rue St.-André des Arcs, n.° 55.

---

De l'Imprimerie de J.-M. EBERHART, Imprimeur du Collége Royal de France, rue du Foin St.-Jacques, n. 12.

# TRAITÉ COMPLET
# D'ORTHOGRAPHE
## D'USAGE
## ET DE PRONONCIATION,

SUIVI

**D'UN DICTIONNAIRE ORTHOGRAPHIQUE,**

ET

*des 613 mots réunis, jugés tant au pluriel qu'au singulier;*

TERMINÉ

PAR LA 3e ÉDITION DU TRAITÉ DES GENRES DES SUBSTANTIFS;

PAR P.-A. LEMARE,

Auteur du COURS *théorique et pratique de langue française*, du COURS *id.* de langue latine, des RACINES LATINES *phrasées et mnémonisées*, du DE VIRIS PROTOTYPÉ, *par brevet d'invention;* du SYSTÈME NATUREL DE LECTURE, etc. Membre de l'Athénée des Arts, et de la Société d'Institution de Paris, *Directeur de l'Athénée de la Jeunesse.*



A PARIS,

Chez { L'AUTEUR, quai et place de l'École, n.° 12.
HENRI GRAND, rue St.-André des Arcs, n° 35.

1815.

# OUVRAGES DE L'AUTEUR.

1°, COURS PRATIQUE ET THÉORIQUE DE LA LANGUE FRANÇAISE, *un gros volume in-4°, 2me édition.*

Cette édition diffère de la première par l'ordre qu'on y observe; on y commence toujours par les faits ou exemples, l'on en donne l'explication, et l'on en déduit les règles. Elle en diffère aussi par la quantité des matériaux, qui en fait comme une encyclopédie grammaticale. L'idéologie y est quadruplée de volume.

On y fait marcher ensemble, mais sur des lignes bien distinctes, trois sortes de grammaires; celle des *faits*, celle des *règles*, et celle des *causes*, qu'on pourrait aussi nommer *grammaire générale.*

On y approfondit et l'on y classe, non-seulement tous les points de doctrine contenus dans *Vaugelas, Regnier-Desmarets, Thomas Corneille, d'Olivet, Buffier, Port-Royal, Dumarsais, Voltaire, Beauzée, Condillac, Marmontel, Domergue, Favre, Wailly*, etc. etc. etc. mais encore un grand nombre d'articles nouveaux.

*On y trouve entr'autres*

1°, La huitième édition du PANORAMA FRANÇAIS, qui donne les racines et les finales de nos 4,800 verbes, et les ramène tous à l'unité de conjugaison;

2°, Une règle unique et sans exception sur l'orthographe des participes, appliquée dans plus de 200 phrases extraites de nos meilleurs écrivains en vers et en prose, où toutes les nuances sont parcourues;

3°, La liste alphabétique de tous les verbes et adjectifs suivis de A. — Une liste semblable de ceux qui sont suivis de DE;

4°, Plus de 500 phrases où les TEMPS de l'indicatif

et ceux du subjonctif, etc. sont mis en opposition;

5°, Un tableau des ELLIPSES où plus de 500 phrases analysées jettent un grand jour sur tout le mécanisme du discours;

6°, Plus de MILLE ÉTYMOLOGIES les plus importantes et les plus curieuses, notamment celles de tous nos invariables, dits *prépositions, adverbes*, et *conjonctions;* d'où résulte la preuve que toutes les parties du discours se rapportent en dernière analyse à la division binaire : *substantifs* et *adjectifs;*

7°, Un traité de PROSODIE, où les 144 règles de l'abbé d'Olivet (avec diverses additions) sont réduites à douze;

8°, Un traité de la CONSTRUCTION DIRECTE, qui montre la filiation des idées, et sert à faire juger les inversions dans toutes les langues. — Un traité très-entendu de la CONSTRUCTION USUELLE;

9°, Un traité de la VERSIFICATION, le premier qui donne une théorie sûre et complette de la rime;

10°, La PONCTUATION, fondée sur la nature des choses, expliquée dans près de 200 phrases.

11°, La CORRECTION DES ÉPREUVES d'impression, et un tableau des CARACTÈRES TYPOGRAPHIQUES, avec leur emploi;

12°, Un traité des TROPES, avec une nouvelle nomenclature qui en simplifie considérablement l'étude; (*On y présente en tableau les faits analysés par Dumarsais, et beaucoup d'autres non moins intéressants*)

13°, Plus de DIX MILLE EXEMPLES (cités ou critiqués) extraits de *Corneille, Racine, Bossuet, Boileau, La Fontaine, madame de Sévigné, Voltaire, etc. etc.*

Cet ouvrage convient au jeune âge, qui ne faisant rien que par imitation, s'instruit, non par des abstractions, règles ou abrégés, mais par les exemples; et aux PERSONNES FORMÉES qui veulent remonter des effets aux causes, et approfondir les principes du langage.

Les deux premières parties, la lexigraphie et l'idéologie, sont imprimées et se distribuent aux souscripteurs.

Le prix de l'ouvrage est de 12 francs jusqu'au 30 mars, et de 15 fr. au 1er juin 1815.

II°, COURS DE LANGUE LATINE, rédigé dans le même esprit que le Cours de langue française. *Seconde édition*, augmentée d'une gravure à l'aide de laquelle la conjugaison de tous les verbes peut être apprise en une leçon. Prix, 8 fr.

III°, RACINES LATINES, *phrasées, mnémonisées et prototypées*, PAR BREVET D'INVENTION, avec une traduction sublinéaire, les dérivés, composés et étymologies. Prix, 3 fr.

IV°, Le DE VIRIS PROTOTYPÉ, PAR BREVET D'INVENTION. Prix, 1 fr. 25 c.

V°, SYSTÈME *naturel de lecture*, d'après lequel des enfants et des adultes ont appris à lire en cinq ou six semaines, FONDÉ SUR quarante-une figures, dont la forme et le nom rappellent le nom et la forme de tous les éléments de la lecture.

Du premier jour on commence à lire sans passer par le cruel et insignifiant BA, BÉ, BI, BO, BU, etc. Cent petits Contes où rien n'est mis en récit, mais où tout est en action, servent de moyen d'exercice. Prix 3 fr.

VI°, LE CHEVALIER DE LA VÉRITÉ, *roman de caractère*, traduit de l'allemand, 3 vol. in-12, 6 fr.

# PRÉFACE.

Ce livre aura donc une préface, une introduction, une table des matières, et pour que rien n'y manque un errata et un supplément. Car il ne faut pas croire qu'on ait pu passer en revue vingt à trente fois sous différents rapports les quarante mille mots d'une langue sans avoir eu quelques distractions.

Nous n'avons amélioré ni détérioré l'œuvre de personne; notre plan embrasse d'une manière neuve, et la totalité des mots, et la totalité de leurs éléments. Jamais nous ne renvoyons à l'usage, et nos règles n'ont pas une seule exception qui ne soit prévue, et sont aussi positives, aussi susceptibles de démonstration que les vérités mathématiques.

Nous avions remarqué que les plus ignorants comme les plus instruits orthographient également bien les mots qu'ils voient et surtout ceux qu'ils écrivent souvent, quelque irréguliers qu'ils puissent être; qu'ils orthographient bien aussi ceux qui se peignent comme ils se prononcent, ou d'après une analogie particulière déjà connue.

Cette observation fit naître en nous l'idée de ce travail. Nous avons rassemblé et classé toutes les analogies en tenant régistre de toutes les exclusions.

L'expérience a justifié notre calcul. Notre traité, éprouvé simultanément dans plusieurs maisons d'éducation de Paris, a obtenu partout un plein succès.

Au bout de quinze jours, de très-jeunes élèves ont été capables de répondre dans deux exercices publics (1) sur tout le dictionnaire de l'Académie, et ont écrit, sans faire une faute, tous les mots qui leur ont été demandés, tels que *symphyse*, *cochléaria*, *phthisie*, *idylle*, *guet-apens*, etc. tous ces mots et semblables étant rentrés pour eux dans la classe des mots devenus familiers, sur lesquels personne ne se trompe.

Dans cette méthode il n'y a rien à apprendre par cœur, car ici ce n'est point l'oreille, ce sont les yeux qu'il faut instruire; et les formes que la main dessine sont bien mieux appréciées et se retiennent mieux que celles qui ne sont jugées que par la vue. C'est ainsi que nous évaluons bien mieux les distances que nous

---

(1) Donnés à l'Oratoire le 3 novembre, et le 8 décembre, 1814.

avons parcourues que celles que nous avons vues. Il ne faut donc que copier les mots inconnus jusqu'à ce qu'ils cessent de l'être. Les maîtres ont peu à faire. Leur rôle se borne à distribuer la tâche à leurs élèves, à les interroger une ou deux fois par semaine, et à les exercer par des exemples à l'application des règles. *Voy. l'introduction.*

## PRONONCIATION.

En réduisant en principes l'orthographe d'usage, nous avons fait, sans le savoir, un traité de prononciation. Car il n'y a pas un mot, pas une syllabe, pas une lettre, que nous n'ayons jugée orthographiquement. Or, il résulte de notre méthode, qu'étant orthographié un mot quelconque, la prononciation de chacun de ces divers éléments est réglée par la place qu'il occupe dans notre travail. Si en effet je trouve *paon*, dans le son AN, *pag.* 13; *taon*, dans le son ON, *pag.* 45; *femme*, dans le son A, *pag.* 8; *indemnité*, dans l'A intérieur, *pag.* 54; *hymen*, *abdomen*, dans l'E pénultième, *pag.* 23; *cric*, *obit*, dans l'I final, *pag.* 30; *alambic*, *aconit*, dans l'I pénultième, *pag.* 31; je vois évidemment qu'il faut prononcer *pan*, *ton*, *fame*, *indamnité*, *hymène*, *abdomène*, *cri*, *alambique*, *aconite*. Ainsi, en ne voulant traiter que l'orthographe, nous avons donné en même temps LA PRONONCIATION ÉCRITE.

# INTRODUCTION.

Si quelqu'un, s'armant d'une patience qui ne peut trouver d'aliment que dans le désir d'une grande utilité publique, parcourait et jugeait l'un après l'autre les quarante mille mots de notre langue; si, observant toutes les analogies et toutes les anomalies, il parvenait à faire deux parts de cette vaste nomenclature, que l'une fût de deux mille mots épars, dont il donnerait la liste, et qu'il posât un petit nombre de règles pour bien écrire les 38 mille autres; n'est-il pas évident que déjà il rendrait un service signalé à ceux qui apprennent l'orthographe?

Car ce vingtième, qui viole l'analogie, étant une fois connu, quelques moments suffiraient pour étudier le peu de règles, qui embrassent les dix-neuf autres.

Cette liste même ne serait pas si longue à apprendre qu'on se l'imagine d'abord. Car si chacun en retranchait 1°, les mots dont il connaît déjà l'orthographe, 2°, les mots *inutiles*, qui ne seraient là que pour rendre l'énumération complète, elle serait du premier coup réduite de moitié pour l'un, des deux tiers pour un autre, et à quelques centaines de mots pour un très-grand nombre. Une troisième liste, encore plus réduite, succéderait bientôt à cette seconde; et de réduction en réduction, cette minorité anomale ne présenterait plus rien d'inconnu; dès lors les règles, n'ayant plus d'exclusions ignorées, auraient une valeur précise, et il ne s'offrirait pas un seul des quarante mille mots dont on ne pût dire et motiver l'orthographe.

C'est ce que nous avons exécuté, de deux manières différentes, savoir: 1°, en donnant immédiatement avant les règles, les listes particulières d'exclusion, *voy. ce premier travail, pag.* 5, etc. 2°, en fondant le tout dans un dictionnaire, *voy. pag.* 77.

Ce dernier mode convient mieux à l'impatience, à l'inapplication et à la paresse. Étant donné un mot quelconque dont on ignore l'orthographe, on le cherche dans le petit dictionnaire orthographique; s'il y est, on l'écrit tel qu'on le trouve. S'il n'y est pas, c'est une preuve qu'il est régulier, et qu'il s'écrit d'après l'analogie des mots numérotés 2 et 3.

Comme dans ce dictionnaire, les mots

sont rangés par ordre de sons, que *phthisie, rhythme, taon, oedème,* y sont cherchés comme s'ils s'écrivaient *ftisie, ritme, ton, édème,* le plus novice les y trouve toujours facilement. La méthode contraire n'a que le petit défaut de procéder de l'inconnu au connu ; car le son des mots est connu de celui qui écrit ; c'est leur orthographe qu'il ignore ; et pour la lui apprendre, on suppose qu'il la sait.

Les mots y sont aussi distribués par groupes analogiques, par exemple, le son O initial s'écrivant par *heau, hau, ho, au* et *o*, le dictionnaire en fait autant de groupes. Il est donc impossible d'y chercher un mot en *o*, sans voir de combien de manières ce son peut se peindre; par exemple, que *heaume* est le seul mot en *heau;* qu'*haubert* fait partie du petit nombre de mots en *hau,* etc. *voy. pag.* 10

Le dictionnaire orthographique aurait pu rigoureusement suffire, si on l'eût fait suivre ou précéder du petit nombre de règles qui établissent les analogies.

## ORTHOGRAPHE D'USAGE

### *Par ordre de principes.*

Ce traité commence *pag. 1* et se termine au dictionnaire orthographique.

Ceux qui ont un peu réfléchi sur les langues ont dû bientôt remarquer que les mots s'altèrent par des extrêmes, surtout par les finales, tandis que l'intérieur reste toujours intact, *et sain comme un noyau.* Nous avons donc considéré tous les sons sous le double rapport de *sons extérieurs* et de *sons intérieurs.*

### SONS EXTÉRIEURS.

Au lieu d'examiner successivement les 13 sons-voyelles A, *an*, etc. *voy. pag.* 2 et les 18 sons-consonnes *b, c* dur, *g, gn,* etc.; ce qui aurait entraîné des longueurs et des répétitions éternelles, nous nous sommes arrêtés aux seuls sons-voyelles, et nous y avons rapporté tous les sons-consonnes qui les précèdent ou qui les suivent.

Chacun des 13 sons-voyelles peut se trouver tout à fait au commencement du mot, comme A dans *a-bbé*, *ha-bile*, et nous l'appelons *initial*; ou il est precédé (dans la première syllabe) d'une ou de plusieurs consonnes, comme A dans *cha-os, pla-teau,* etc., et il prend le nom de presque initial ou *sub-initial.*

Le même son peut aussi être tout-à-fait le dernier d'un mot, comme A dans *sof-a, lil-as,* ou être suivi d'une ou de plusieurs consonnes sonores avec ou sans *e* muet, comme A dans *béc-arre, broc-art, g-az, g-aze;* dans le premier cas il est nommé *final;* dans le dernier, presque final ou *pénultième.*

Ainsi tous les sons extérieurs sont traités dans 13 sections, et chaque son est examiné,

<table>
<tr><td rowspan="2">Comme</td><td>initial ou</td><td rowspan="2">selon qu'il est tout-à-fait, ou presque initial.</td></tr>
<tr><td>sub-initial,</td></tr>
</table>

<table>
<tr><td rowspan="2">Et comme</td><td>final ou</td><td rowspan="2">selon qu'il est tout-à-fait, ou presque final.</td></tr>
<tr><td>pénultième,</td></tr>
</table>

Ainsi, chaque section a 4 paragraphes. Or, adaptant à ce traité la marche générale de tous nos ouvrages élémentaires, nous divisons tous nos préceptes en trois ordres; savoir :

I^er ORDRE, ou des *monogènes;*
II^e ORDRE, ou des *oligogènes;*
III^e ORDRE, ou des *polygènes.*

Le premier comprend tous les mots qui n'ont pu être fléchis à aucune règle particulière ou générale, tels sont *ha-bile,* dans l'A initial; *cha-os,* dans l'A sub-initial, *quinola* dans l'A final, *thorax* dans l'A pénultième.

Le second ordre renferme les mots qui suivent une analogie particulière, tels sont *trép-as* de *trépasser* dans l'A final *pag. 7*; *ba-l orient-al* dans l'A pénultième, *voy. pag. 9*.

Le troisième donne une règle générale, d'après laquelle s'écrivent tous les mots du paragraphe, qui n'ont pas été exclus par le 1°. où le 2°, c'est-à-dire, par la liste des monogénes, ou les régles particulières des oligogènes. Tel est *doctor-at* dans l'A final ; c'est le mot *polygène*, c'est-à-dire qui a un très grand nombre de semblables, c'est le chef de file du paragraphe. Ainsi s'écrivent *marquis-at*, *form-at*, *ros-at*, *cédr-at* et tous les mots qui n'ont pas été formellement compris dans la liste numérotée 1°. ou dans la règle numérotée 2°. *voy. pag. 7.*

Dans la méthode ordinaire d'enseignement, quelque matière que l'on traite, l'on commence toujours par établir une règle générale, on donne ensuite les exceptions, qui ont des exceptions ; de sorte qu'on procède toujours de ce qui est général à ce qui l'est moins, et qu'à la fin seulement on arrive aux individus.

Cependant il n y a que des individus dans la nature, et on ne peut en faire telle ou telle classe qu'après avoir parcouru un à un tous les individus de cette classe ; c'est donc toujours par les individus, jamais par les généralités qu'il faut commencer. Et quel est l'effet de cette marche inverse qu'on a coutume de suivre dans tous les genres d'instruction ?

On lit la règle générale, et l'on ne sait encore rien ; car l'objet cherché peut se trouver parmi les exceptés ou les sur-exceptés. On a donc trois et souvent quatre vérifications à faire à chaque fois, 1°. il faut lire la règle ; 2°. les exceptions ; 3°. les sur-exceptions ; et lorsque l'objet donné est dans l'un des deux premiers cas, il faut en quatrième lieu remonter à la règle, ou aux exceptions. D'ailleurs cet appareil de règles, d'exceptions et sur-exceptions est toujours effrayant et présente trop de choses à démêler.

Dans cette application particulière de notre manière générale de procéder, si l'on cherche et que l'on trouve *hanap* parmi les monogènes ou individus, *pag. 5*, on n'a pas besoin d'aller plus loin. Si le mot cherché n'est pas dans la liste des monogènes, et que comme *bras*, *échalas*,

il appartienne aux mots du second ordre, *pag. 7*, la connaissance acquise est encore positive, et l'on ne passe pas outre. Mais si étant donné *rosat*, on cherche en vain ce mot parmi les monogènes et les oligogènes, on en conclut qu'il est nécessairement polygène et qu'il s'écrit par *at*, comme *doctorat*: donc tout notre travail méthodique sur les sons extérieurs se divise . . . . . . en 13 sections,
chaque section . . en 4 paragraphes,
chaque paragraphe en 3 ordres.
Ainsi *phar-ynx* appartient par *pha* à l'A sub-initial, ou second paragraphe de la première section, *voy. p. 6*; et par *ynx* à l'*in* pénultième ou quatrième paragraphe de la 6e section, *voy. p. 35*.

R reste à juger comme son intérieur.

## SONS INTÉRIEURS.

Lorsque tous les sons extérieurs ont été épuisés par l'examen successif qui en a été fait dans les 13 sections, nous avons passé aux sons intérieurs : ce nouvel examen comprend de nouveau les 13 sons-voyelles, et parcourt de plus tous les sons-consonnes qui n'ont pas été jugés avec les sons-voyelles extérieurs.

Ainsi, par exemple, tout étant inté-

*

rieur dans *au*-thent-*ique* excepté le son *o*, initial jugé *pag. 37*, et le son *ique*, jugé dans l'ɪ pénultième *pag. 33*; le traité des sons intérieurs devra donner des règles pour écrire TH, EN et T. Or ce traité commençant par A, et finissant par Z, on trouvera *authentique* au son T, *pag. 70*, au son *an*, *pag. 54*; le dernier T est polygène et s'écrit comme dans *atelier*, *pag. 70*.

On sent bien que, dès qu'un mot est une fois trouvé dans un paragraphe, l'on n'a plus besoin de le chercher ailleurs; mais chacun des éléments qui le composent a dû etre soumis à une règle; et il n'en est pas un dans les 40 mille mots de notre langue dont on ne puisse rendre raison. Ainsi AU *d'authentique* est jugé dans l'ó initial *pag. 37*; TH dans le T intérieur *pag. 70*; EN dans l'AN intérieur *pag. 54*; T dans le T intérieur, *pag. 70*, (il s'écrit comme dans *atelier*); et IQUE dans l'ɪ pénultième *pag. 33*, où il a pour modèle *do-mest-ique*.

Les sons intérieurs étant, comme nous l'avons déjà remarqué, protégés et garantis par les sons extérieurs, offrent peu d'irrégularités. Les principales sont dues à la rencontre de mots qui se réunissent, comme dans *accommoder*, *illégitime*; de là surtout le doublement des consonnes.

Ce travail commence *pag. 54* et finit *pag. 70*.

## PREMIÈRE MANIÈRE

### *d'étudier le traité d'orthographe.*

Elle consiste à suivre l'ordre des principes. On commence donc, comme nous l'avons indiqué, *pag. 4* de cette introduction, par réduire les monogènes de chaque section à une liste qui ne comprenne que les mots *utiles actuellement inconnus*. Ainsi par exemple, un jeune commerçant parcourant les listes *pag. 5, 6 etc.* laissera aux enfants des muses les *hamadryades*, aux savants le *chaldaïque*, aux chasseurs les *halbrans*, aux fils d'Esculape le *pharynx*, *l'assa-fétida*, *l'alléluia*, le *sparadrap*, etc. et s'il a déjà quelque habileté, il n'enregistrera point *habile*, *habit*, *hardi*, *haricot*, *drap*, *almanach*, etc.; de sorte que sa liste ne renfermera tout au plus que » *haquenée*, » *haridelle*, *paonneau*, *agenda*, *falbala*, *pinchina*, *phare*... C'est ainsi qu'en général chacun, faisant sa liste d'après l'état actuel de ses connaissances et de ses besoins, réduira tous nos monogènes de chaque section à un petit nombre *d'inconnus utiles*, avec lesquels il deviendra bientôt familier.

Il est tems alors de passer au second ordre de mots, les OLIGOGÈNES.

Le meilleur moyen de retenir les règles particulières, c'est d'enchaîner dans une phrase les chefs de file de chaque section, en cette sorte :

> Je vois à *quatre* pas d'ici un *boc-al médic-al*, et un *géo-graphe* qui tient un *pro-gramme* et lit un *plac-ard.* (1)

On décompose ensuite la phrase, *quatre* rappelle la règle notée 2°. *pag. 6*; P-AS indique que l'A final s'écrit par *as* dans tous les mots où la dérivation amène une *s*, comme dans *trépas* qui a *trépasser*, *matelas* qui a *matelasser*, etc; *bocal médical* apprend que les substantifs et adjectifs masculins semblables s'écrivent d'après la même analogie, *voy. p. 9*, etc. Nous laissons aux maîtres le soin de phraser les règles particulières des autres sections : ils pourront rassem-

(1) Nous n'avons pas compris dans la phrase *bail, taillé*, l'orthographe de L mouillé étant généralisée *pag.* 73.

bler aussi dans une douzaine d'autres phrases toutes les règles des sons intérieurs.

Les deux premiers ordres de mots étant ainsi connus, il ne reste plus que les polygènes, qui, appartenant aux grandes analogies, n'ont presque pas besoin d'être étudiés, ils sont l'objet des 3°. de tous les parapraphes; mais toutes les règles qui les concernent se trouvent pour les sons voyelles réduites à une seule règle, *voy. p. 73*; et pour les sons-consonnes à une autre règle unique, *pag. 74*.

## SECONDE MANIÈRE,

### *Ou dictionnaire orthographique.*

Celui qui connaîtra les règles particulières ou des oligogènes, et les règles générales ou des polygènes, pourra se borner au dictionnaire orthographique; car étant donnés des mots quelconques écrits d'après la prononciation comme *iac*, *iacinte*, *idile*, *tripe*, *illisible*, *pilori*, *filtre*, *ritme*, etc.; il trouvera dans l'*i* initial *yacht*, *hyacinthe*, *idylle*, et dans l'*i* sub-initial *pag. 100* et *102* *rhythme*, *phthisie*. Les autres ne se trouvant point dans le dictionnaire orthographique, il en conclura qu'ils sont totalement réguliers, et qu'ils ne renferment pas un seul élément qui ne soit oligogène ou polygène.

Pour faciliter la recherche des mots, nous les avons distribués par ordre de sons. Ainsi, par exemple, tout le son *i* initial ou sub-initial, de quelque manière qu'il se peigne, par *y*, *hy*, *hi* ou *i* est groupé dans une seule section, *pag. 99*. Mais nous l'avons divisé en autant de petits groupes qu'il y a d'analogies orthographiques, de sorte que les six mots qui commencent par *y* *yacht*, *yeux*, *yeuse*, *ypréau*, *ypsiloïde*, sont ensemble; que tous les *hy* sont aussi réunis, etc. A la vérité, on est quelque fois obligé de chercher dans plusieurs groupes; mais d'abord ils sont bientôt parcourus, et l'on recueille de cette espèce de revue l'avantage de voir à chaque fois et le nombre et la force de ces groupes, et de s'instruire occasionnellement. Cependant la première manière d'étudier l'orthographe est évidemment préférable, car les analogies y sont rassemblées et par les syllabes initiales et par les finales; et les listes d'exclusions y touchent les règles qu'elles servent à restreindre.

Mais le plus ou moins de capacité de l'élève, le plus ou moins d'application dont il est susceptible, peuvent seuls déterminer le maître à préférer l'une ou l'autre manière.

Dans tous les cas, le dictionnaire orthographique était utile, tout au moins pour faciliter les recherches. Il l'est encore devenu pour recueillir les mots qui nous avaient échappé dans le premier travail.

---

# ORTHOGRAPHE D'USAGE.

C'est cette orthographe, qu'il faut apprendre toute sa vie à coups de dictionnaire ; et même il y a une grande partie de mots inaccessibles par cette voie pour ceux qui ont encore peu d'usage.

Comment chercheront-ils, par exemple, *cauchemar*, *quanquan* (prononcé *cancan*), *exempt*, *hareng*, *hameçon*, *chaldaïque*, *phare*, *femme*, *hennir* qui se prononce *hanir*.

Donner des règles fondées sur l'étymologie qui suppose la connaissance du latin et du grec, c'est une dérision ; c'est présenter des pierres à qui demande du pain. Accumuler des règles incomplètes, modifiées par des exceptions incomplètes, qui elles-mêmes sont *ordinairement* sujettes à des exceptions, c'est abuser de la patience du lecteur et le laisser après beaucoup de peine dans une pénible incertitude.

Nous avons créé cette nouvelle partie de la lexigraphie, et nous l'avons soumise à un art, qui est aussi exact, et repose sur des bases aussi certaines que notre système de conjugaison.

En quinze jours nos auditeurs y seront plus versés qu'ils ne pourraient le devenir en quinze ans, sans méthode ou avec une méthode vicieuse.

## 13 SONS-VOYELLES.

Notre langue n'a que 13 sons-voyelles, auxquels se rattachent toutes les consonnes.

NOTA. L'E muet (comme dans ross*e*) n'est point examiné à part, mais avec la consonne ou les consonnes qui le précèdent : voici CES 13 SONS, chacun d'eux sera envisagé sous quatre rapports, comme *initial*, *sub-initial*, *final* et *pénultième*.

| | | | |
|---|---|---|---|
| 1e son, A, | initial, comme dans | *a*-bbé, ou | *ha*bile. |
| | sub-initial...... | f*a*cile, | ph*a*lange. |
| | final, .......... | cerve*las*, | *lacs*. |
| | pénultième, .... | *as*, | béc*asse*. |
| 2e — AN, comme dans | | *am*bition, | *tran*sition, |
| | | *banc*, | *ban*que. |
| 3e — É, | .......... | *é*tau, | cr*é*dule, |
| | | m*ai*, | all*è*ge. |
| 4e — È, | .......... | *e*sprit, | l*ai*tue, |
| | | val*et*, | gr*aisse*. |
| 5e — EU, | .......... | *œufs*, | *feu*tré, |
| | | *feu*, | b*eurre*. |
| 6e — I, | .......... | *hy*dromel, | *phi*losophie, |
| | | gâch*is*, | l*isse*. |
| 7e — IN, | .......... | *in*digo, | c*ein*turon, |
| | | *saint*, | *sainte*. |
| 8e — O, | .......... | *ô*ter, | *bau*det, |
| | | sab*ot*, | *hausse*. |
| 9e — OI, | .......... | *oi*seau, | *voi*ture, |
| | | al*oi*, | la par*oisse*. |
| 10e — ON, | .......... | *on*guent, | *bom*bance, |
| | | obl*ong*, | enf*once*. |
| 11e — OU, | .......... | *ou*til, | *brou*ter, |
| | | *loup*, | (*il*) emb*ouche*. |
| 12e — U, | .......... | *hu*mide, | *lu*brique, |
| | | sal*ut*, | il *suce*. |
| 13e — UN, | .......... | *uni*forme, | j*eun* (*à*), |
| | | déf*unte*. | |

L'examen méthodique de chacun de ces 13 sons sous les rapports du son initial, et du son sub-initial, nous donne le moyen de connaître la première syllabe, soit qu'elle commence par un son-voyelle, comme dans *a*-bbé, *ha*-bile, *hon*-teux; ou par une ou plusieurs consonnes, comme dans *pha*-lange, *fra*-cas, *phthi*-sie. Cette première syllabe étant connue, il est rare qu'on soit embarrassé pour la recherche d'un mot dans le dictionnaire.

Ce même examen, sous le rapport du son final, donne l'orthographe de la dernière syllabe quand elle n'est autre chose qu'un des 13 sons-voyelles, c'est ce qu'on a coutume d'appeller rime masculine, comme dans cervel*as*, *banc*, obl*ong*, etc.

Il enseigne enfin et tout à la fois sous le nom de son pénultième, la manière d'écrire l'avant-dernière et la dernière syllabe, lorsque le mot ne finit pas immédiatement par un des 13 sons; ce qui arrive dans bé*casse*, viol*ence*, etc. où le son *a* et le son *an* sont pénultièmes; ces deux syllabes appellées rimes féminines, sont toujours examinées ensemble, de sorte que, par exemple, en apprenant que le son *an* s'écrit par *en* dans viol*en*ce, on apprend aussi que le son *s* y est représenté par *ce*.

Or, tant de choses se trouvant connues, après l'examen de nos 13 sons, il nous suffira d'y ajouter quelques observations pour compléter ce traité, qui pourra justifier le titre d'*orthographe* dite d'*usage*, *réduite en principes*.

## *Avis importants.*

1^er^ AVIS. Lorsqu'un mot n'a qu'une syllabe comme *ha*, *lacs*, *banc*, etc. nous ne le décomposons point, mais nous l'examinons tout entier dans le troisième paragraphe. *Ha*, *lacs* se trouvent donc dans l'A final, et *banc* dans l'AN final.

Lorsqu'un mot ne renferme qu'une seule fois un des 13 sons, et que de plus cette syllabe est suivie d'une ou de plusieurs consonnes sonores, avec ou sans *e* muet, comme dans *as* (prononcez *asse*), *art*, *lard*, *farce*, *chatte*, il est renvoyé et examiné dans le son pénultième, et tout le mot est montré et appris ensemble.

Cependant il ne faudra pas s'étonner, dans l'un ou l'autre cas, si l'on trouve quelques doubles emplois, nous aurons eu alors quelque vue particulière d'utilité.

IIe AVIS. Lorsque dans les monogènes (c'est-à-dire dans le 1°), ou dans les oligogènes (c'est-à-dire dans le 2°), nous disons *et autres mots non exclus ci-dessus*, ou *non exclus dans le n°* ou *les nos ci-dessus*, ce n'est que pour une plus grande clarté ; car cela est de droit.

IIIe AVIS. Dans ce traité le mot de *monogènes* se prend pour un mot tout seul, ou pour lui et ceux de sa famille. Ainsi *habile*, *habit*, il *carre* se trouvant dans les monogènes, il s'en suit qu'il faut écrire *habileté*, *habiliter*, *réhabiliter*, *habiller*, *rhabiller*, une *carre*, *il contre carre*.

IVe AVIS. Il faudra s'assurer par des explications orales de la signification des mots de nos listes ; autrement on pourrait confondre BALLE avec *bal*, GALLE avec *gale*, MALLE avec *mâle* ou avec *mal* ; ces explications nous auraient mené trop loin, et auraient été rarement suffisantes.

Ve AVIS. Les mots renvoyés par un ou plusieurs astériques en bas des pages se trouvent dans le dictionnaire de l'Académie, mais ils sont si peu usuels qu'on pourrait les apprendre et les oublier cent fois avant d'avoir occasion de s'en servir.

VIe AVIS. *Abréviation : m.*, *f.*, *v.* signif. *masculin*, *féminin*, *verbe*.

## §. 1. A *initial.*

1°, Habile, habit, habiter, habituer, » hâche, » hahé, » haha (1), » haïr (1), halbran, » hâle, *v.* hale, » haleine (1), » halène, *v.* » halle, » hallebarde, hallier, hâloir, » halte, hamac, hamadryade, hameau, » hameçon, hanap, » hagard, hennir, *pr.* ha-nir, » happe, *v.* » happelourde, » haquenée, » haranguer, » haras, » harceler, » hardi, » hareng, » hargneux, » haricot, » haridelle, harmonie, » harnais, » hart, » harpailler, » harpe, » harpin, » harpon, » hart, » hasard, » hastaire, » hâtier, » have, hâvre, » hase. *)

2°, Voyez, *pag. préc.*, le III^e AVIS, écrivez donc *habitude*, » *halbrener*, » *harasser*, » *harengère*, » *harnacher*, » *hâter*, *hatelette*, il n'y a point d'oligogènes.

3°, ASPIC et autres mots non exclus dans les monogènes ci-dessus. *)

---

*) » Habe, hagiographe, halo, » halot, » halotechnie, » halurgie, hamade, hamanthus, hamagogue, » haquet, » haveron, » havir, *voyez le 5e avis pag.* 4.

(1) Dans tout ce traité un guillemet placé devant H marquera l'aspiration.

## §. 2. A *sub-initial*.

1°, Chaldaïque, chaos, quaker *ou* quacre, qualité, quasi, quasi-contrat, quasi-délit, quasimodo, phalange, pharaon, phare, pharisien, pharmacie, phaéton, pharynx, phrase, paonneau. **)

2°, *Quadrat*, *quat-rain*, *quart-aut* et autres dérivés de *quatre*, où le son *ca* ou *coua* est immédiatement ou médiatement suivi d'une dentale (D ou T): *cadre* et *cadran* seuls s'écrivent par *ca* (1).

3°, BA-RON, CA-NON, CHA-RON, FA-NAL, GA-LON, JA-LON, SA-LON et autres mots non exclus ci-dessus. **)

---

(1) *Quarante*, *qualité*, *quartz* et *quasi*, lorsqu'il ets seul; *quatre*, *quadrat* ou *quadratin*, *quadrature*, terme d'horlogerie; *quadrille*, *quart* et ses composés; *quartier*, et ses composés, se prononcent *ca*; tous les autres *coua* : tels sont *quaker*, *quadragénaire*, *quadrature* du cercle, *quadrige*, *quadruple*, *quadrilatère*, *in-quarto*, etc., ajoutez-y *quaterne*. Le son *coua* ne s'écrit par *coua* que dans *couard*, *couardise*.

**) Chalastique, chalcographe, chalcite, chalybé, chlamyde, kabak, kabin, phalène, phaleuque, thalictron, thlaspi, zagaie, zaïm, zain, zani.

## §. 3. A *final.*

1°, A, il a,
ah! ha!
acacia, aga,
agenda,
alpha,
alinéa,
hallebreda,
alléluya,
assa-fœtida,
bacha, brama,
brédi-bredá,
brouhaha,
çà, orça, caca,
cahin-caha,
cela,
cochléaria,
dada,
deçà, delà,
duplicata,
errata, *et cétera*,
fa, mi, la, sol,
falbala,
là, holà!
lama, nanna,
oméga,
non plus ultra,
nota,
opéra, oui-dà,
pacha, papa,
pinchina (du),
prorata (au),
quinola,
quinquina,
ratafia,
recta,
rémora,
simarouba,
sofa,
tafia,
tréma,
visa, voilà,

---

estomac,
tabac,
almanach,

---

lacs,

---

drap,
sparadrap,

---

altercas,
ananas,
appas, cabas,
canevas,
cannelas,
cervelas,
chas, chasselas,
coutelas,
fatras,
frimas,
galetas,
galimathias,
haras,
las! hélas!
lilas, matras,
plâtras, repas.
sabrenas,
soulas,
taffetas,
verglas. ***)

2°, *Sas*, *tas*, *bras*, et autres mots où la dérivation amène un s; on dit SASSER, *entasser*, *embrasser*; CAS, *casuel*, RAS, *raser*, ÉCHALAS, *échalasser*; CADENAS, *cadenasser*; HARAS, *harasser*. Cependant, quoiqu'on dise *avocasser*, on écrit AVOCAT, d'après l'analogie suivante.

3°, DOCTOR-AT et autres mots non exclus par les monogènes et les oligogènes ci-dessus. *Voy. le 2e avis, pag.* 4.

---

***) Alcantara, Calatrava, galéga, *voy. le* 5e avis, *page* 4.

## §. 4. A *pénultième, et ce qui le suit.*

1°, Hâble, *v.*

AC.

ab hoc et
ab hac,
ammoniac,
bac, bissac,
bivac *ou*
bivouac,
crac, cric-crac,
gaïac, lac,
micmac,
sac, sumac,
tac, tic-tac,
trictrac,

---

pâques,

---

exact, tact,
yacht.

AF.

épitaphe,
paraphe,
naffe (*eau de*),
pataraffe,
piaffe (1),

---

affre, caffre,

---

aphte, naphte.

AG.

zig-zag.

AL.

astragale, *m.*
cannibale, *m.*
dédale, *m.*
ovale, *m.* sale,
pétale, *m.*
scandale, *m.*

---

» halle,
balle, *v.*
challe, *v.*
dalle, galle,
intervalle,
malle, salle,
stalle,

---

talc *ou* talque,

---

malt (du).

A-M.

femme,
flamme.

A-N.

damne, *v.*
banne,
canne,
dame-jeanne,
manne,
panne,
rouanne, *v.*
suranne, *v.*
tanne *v.*
vanne, *v.*
faonne (*elle*).

AP.

hanap, cap,
jalap,

---

échappe, *v.*
frappe, *v.*
grappe,
« happe, *v.*
jappe, *v.*
mappe, *v.*
nappe,

---

laps, relaps.

AR.

hangar *ou* angar,
car, char,
cauchemar,
coquemar,
nectar,
nénuphar,
hospodar,
par, vélar,

---

bézoard,
brancard,

---

(1) De ce qu'un mot est verbe, il ne s'ensuit pas qu'il ne puisse être encore substantif ou adjectif, il *piaffe*, la *Piaffe*, etc.

brouillard,
corbillard,
épinard,
étendard,
léopard,
lézard,
papelard,
puisard,
vieillard,

---

arrhe, *v.*

---

amarre, *v.*
bagarre,
barre, *v.*
bécarre,
bigarre, *v.*
bizarre,
carre, *v.*
chamarre, *v.*
narre, *v.*
simarre,
tintamarre, *v.*

---

épars,
jars,

---

art,
hart, *f.* écart,
braquemart,
brocart (*étoffe*),
champart,
cuissart, *m.*
frappart,
jaquemart,
rempart, part,

---

arc,
marc, parc,

---

farce, garce,

---

mars,
quartz.

A-S.

agace, *v.*
besace,
bonace, *f.*
contumace,
coriace,
dédicace,
efficace,
espace, *v.*
face,
fouace,
glace,
grâce,
grimace, *v.*
lace, *v.*
limace,
menace, *v.*
audace,
place, *v.*
populace,
préface,
race, rapace,
tenace, trace,
villace,
vivace, vorace,

---

as, ambesas,
atlas, pancréas,
vasistas,

---

toast.

AT.

hâte, *v.*

---

baratte, *v.*
batte, *f.*
chatte,
datte (*fruit*),
flatte, *v.*
gratte, *v.*
jatte,
latte, *v.*
matte, *v.*
natte, *v.*
patte *ou* pate,

---

battre.

AX.

anthrax,
borax,
thorax.

AZ.

gaz (*un*),

---

gaze (*une*),
topaze.

2°, A. *Épi-graphe* et autres mots en *grafe*, excepté *agrafe*.

B. *Épi-gramme* et autres mots en *gramme*.

C. *Bal orient-al* et autres mots masculins en *al*.

D. *Bail* et autres mots masculins en *ail.*
*T-aille* et autres verbes et mots féminins en *aille.*

E. *Bill-ard* et autres mots en *ar* où la dérivation amène un *d.*

3°, COS-AQUE, CAR-AFE, BOC-AGE, V-AGUE, G-ALE, L-AME, CAB-ANE, P-APE, AV-ARE, T-ARSE, CR-ASSE, D-ATE, T-AXE, V-ASE. ****) c'est-à-dire qu'ils s'écrivent par un E final, précédé de la consonne ou des consonnes indiquées. (1)

## *Deuxième Section* AN.

PRINCIPE. Lorsqu'on a une des quatre voyelles nasales (AN, IN, ON, UN), et que cette nasale est suivie d'un B ou d'un P mettez un M au lieu d'une N. Écrivez donc *amble*, *embargo*, *imberbe*, *impie*, *ombre*, *humble*, etc. Nous ne connaissons que *bon*bon, et en em*bon*point qui s'écartent de cette règle.

---

(1) Ainsi *bac*, *balle*, *femme*, *gaze*, *besace*, etc. s'écartent de cette grande analogie d'après laquelle ils seraient écrits; *baque*, *bal*, *fame*, *gase*, *besasse*, etc.

****) Face, galéace ou galeasse, pancrace, rosace, cénotaphe, autocéphale, calencar, *voy. le même avis* (*pag.* 4).

## §. 1. AN *initial.*

1°, Hangar,
» hanscrit,
» hansière,
» hanter,

---

embargo,
embarras,
embaucher,
emberlucoquer,
emblaver,
emblême,
emblée (*d'*),
embrever,
embryon,

---

empan,
empêcher,
empeigne,
empêtrer,
empereur,
emplâtre,
emplette,
emplir,
empois,
empreindre,
emprunter,
empyrée,

---

encan,
encaustique,
encens,
enclaver,
enchère,
enchifrener,
enclume,
encombre,
encontre (*à l'*),
encore,

---

endéver,
endive,
enduire,
enfant,
enfer,
engeance,
engin,
engouer,
engrener,
enjôler,
enkiridion,

---

ennuyer,
enrouer,
enseigner,
ensevelir,
entamer,
entériner,
enthousiasme,
enticher,
entier,
entrailles,
entraves,
entrechat,
enveloppe,
envers,
envi (*à l'*),
envie,
environ.

NOTA. *Voy. le* 1er AVIS, *pag.* 4.

2°. EM-BARQUER, *em-pirer, en-tasser,* c'est-à-dire, mettre *en barque*, mettre *en tas*, devenir *pire* et autres mots où la décomposition sépare *en* du mot principal (1).

---

(1) Voici les plus difficiles à décomposer : S'EM-BARDER, de *bard;* EM-BATTRE, de *battre;* EMBONPOINT; EMBRASURE, de *brasier; braise*, EMBÛCHE, *embusquer;* ENCYCLOPÉDIE, de CYCLE; ENTENDRE, de *tendre vers*, etc. Beaucoup de mots portés dans les monogènes sont aussi des composés, mais trop difficiles à reconnaître.

3°, AM-BULANT, AM-BROISIE, AN-CIEN, et autres mots non exclus ci-dessus : écrivez donc *am*-phore, *am*-bition, *an*-gine, etc. *)

---

## §. 2. AN *sub-initial.*

| | | |
|---|---|---|
| 1°, Quanquan, | mental, | sempiternel, |
| quantité, | mention, | sentène, |
| denrée, | menton, | sentier, |
| gentiane, | pension, | sentine, |
| gentil, | pentecôte, | tempérer, |
| scintille, | rempart, | tempête, |
| lentisque, | centaure, | vendange, |
| mendier, | centaurée, | vendredi. |
| menstrue, | centon, | |

NOTA. *Quant*, *cens*, et quelques autres monosyllabes; *fendre*, *vendre*, et quelques autres dissyllabes à rimes féminines sont renvoyés, les premières dans l'AN final, et les seconds dans l'AN pénultième. *Voyez le* 1er AVIS, *pag.* 4.

2°, *Rembarquer*, *rentrer*, et autres mots où R est réduplicatif *remblayer*, *rembûcher*, *remployer*, *renvoyer*, etc.

3°, BRAN-DON, CAN-TIQUE, FAN-FAN, GAN-GLION, JAN-VIER, LAN-TERNE, MAN-TEAU, NAN-TI, PAN-THÈRE, RAN-ÇON, SAN-SONNET, TRAN-SPORT, ainsi l'analogie générale est d'écrire le son AN par AN, et la consonne qui précède est B, C, F, G, J et S, etc.

---

*) *Em*bolisme, embrocation, empasme, empennelle, emphractique, emphyseme, emphythéose, empyrisme, empireume, encasteler, encastrer, encénies, encéphale, enchymose, enclitique, endémique, engin, engri, enguichure, ennoie, enrue, ensaisiner, enthéléchie, entérocele, enthymême, envergure, *voy. le* 5e AVIS, *pag.* 4.

## § 3. AN *final.*

1°, Dam, quanquam, quidam,

camp, champ,

an, » han, doliman, drogman, maman, talisman, brelan, élan, banc, blanc, flanc, franc,

quand,

étang, orang-outang, rang, sang,

céans, dans, haubans, léans, sans,

aimant (*l'*), diamant, négromant, adjudant, autant, avant, belligérant, bienveillant, chant, clinquant, distant, élégant, galant, gant, garant, instant, manant, méchant, pédant, pétulant, plant, prédicant, puissant, quant, sanglant, tant, vaillant, vigilant,

faon, paon,

temps,

en, cens, censé, dépens, encens, gens, guet-apens, sens, sentir,

révérend,

hareng,

abstergent, adhérent, affluent, agent, apparent, compétent, convergent, déférent, différent, divergent, équipollent, équivalent, excellent, expédient, gérent, négligent, président, régent, résident.

2°, A. *Roman* et autres mots où les dérivés, s'il y en a, n'amènent point une consonne: *turban*, *musulman*, *plan*, etc. (1)

(1) Tels sont *alcoran*, *alézan*, *autan*, *anglican*

B. *Gourmand* et autres mots où la dérivation amène un D : *gourmand*, *gourmandise*, etc.

C. *Géant* et autres mots en ÉANT : où d'ailleurs la dérivation amène un T, GÉANT, *gigantesque*; NÉANT, *néanter*, etc. (1).

D. *Tempérament*, et autres mots en MENT : *élément*, *sagement* (2).

E. *Abstinent*, *absent*, et autres mots non formés d'un verbe par le changement de la finale : *abstinent* ne peut venir d'*abstiner*, qui n'existe point (3). *Absent* a bien *absenter*, mais par simple retranchement et non par le changement de la finale (4).

3°, COMMANDANT, de *commander* ; INTENDANT, de *tendre* ; OUTRAGEANT, d'*outrager*, et autres mots non exclus (5).

---

*ban*, *bilan*, *cadran*, *capelan*, *carcan*, *divan*, *écran*, *encan*, etc.

(1) Tels sont *géant*, *béant*, *échéant*, *mécréant*, *messéant*, *néant*, *séant*.

(2) Les mots en *ment* sont très-nombreux, ils n'ont d'exceptés que les oligogènes A, B, et *doliman*, l'*aimant*. etc. Voy. les monogènes.

(3) Tels sont *adjacent*, *adolescent*, *ardent*, *astringent*, *avent*, *cent*, *client*, *concurrent*, *confident*, *congruent*, *conséquent*, *continent*, *convalescent*, *dissident*, *effervescent*, *émollient*, *éloquent*, *évident*, *irrévérent*, quoiqu'on écrive *révérend*, *onguent*, *récent*, *souvent*, *véhément*, etc.

(4) Tels sont *argent*, *arpent*, *incident*, *dent*, *vent*, *violent*, etc. d'*argenter*, *arpenter*, *incidenter*, *denter*. *venter*, *violenter* ; *chiendent*, *trident*, *auvent*, *évent*, et autres composés suivent la même analogie. *Voy. note suivante*.

(5) Ce sont des mots formés des verbes par le changement de la finale. De *descendre*, on a fait *descendant*, et par analogie *ascendant*, *transcendant*, etc. de *tendre* on a fait, *prétendre*, etc. *prétendant*, *intendant*, et de *pendre*, on a fait *pendant*, *cependant*, *dépendant*, etc.

## §. 4. AN *pénultième.*

1°, Ensemble,
emble *v.*,
semble, *v.*
tremble,
décembre,
gingembre,
membre,
novembre,
septembre,

penche, *v.*
pervenche,

encre (*à écrire*),
amende, *v.*
appréhende, *v.*
calendes,
commende,
componende,
dividende,
prébende,
provende,

calendre,
cendre,
descendre,
fendre,
défendre,
gendre,
engendre, *v.*
pendre,
prendre,
rendre,
scolopendre,
tendre (*il est*),
tendre, *v.*
vendre,

enfle, *v.*

venge, *v.*

» hampe,

tempe,
trempe, *v.*
contemple, *v.*
exemple,
temple,

genre,

anse, » hanse,
danse, *v.* ganse,
panse, *v.*
panse, *f.*
transe,

appétence,
audience,
bénéficence,
cadence,
circonférence,
concupiscence,
conférence,
crédence,
efflorescence,
essence,
exigence,
existence,
expérience,
faïence,
intumescence,
jouvence,
licence,
magnificence,
obédience,
potence,
précellence,
préférence,
providence,
résipiscence,
réticence,
révérence,
sapience,
science,
semence,
sentence,
séquence;
silence,

compense (*il*),
défense,
dépense, *v.*
dispense, *v.*
immense,
impense,
intense,
mense,
offense, *v.*
pense, *v.*
récompense, *v.*

» hante, *v.*
acanthe,
commente, *v.*

| | | |
|---|---|---|
| ente, *v.* | rente, | menthe, |
| expérimente, *v.* | repente, | |
| fiente, | sente (*qu'il*), | entre, *v.* (*il*), |
| lamente, *v.* | tangente, | entre (*nous*). |
| fente, | tente, *v.* | |
| | trente, | ventre. |
| mente (*qu'il*), | | |

2°, *Absence* et autres mots dérivés des mots en *ent* : *abstinence*, *excellence*, *intermittence*, *présidence*, etc.

3°, AM-BRE; B-ANQUE, ANCRE, L-ANGE, L-ANGUE, L-ANCE, et autres mots non exclus, *vigilance*, *finance*, *importance*, etc.

## 3e *Section* : §. 1. É *ou* È *initial.*

| | | |
|---|---|---|
| 1°, Aigrette, | hebdomadaire, | hématite, (1) |
| aigu, | héberger, | hémorragie, |
| aiguière, | hébreu, | hémorroïdes, |
| aiguillade, | hécatombe, | heptacorde, |
| aiguille, | hectare, | heptaméron, |
| aiguillette, | hectolitre (1), | » héraut, |
| aiguiser, | hégire, | herbe, |
| aimanter, | heiduque, | hérésie, |
| aimer, | hélas! | » hérissé, |
| aîné, | hélicon, | hermaphrodite, |
| aisselle, aisé, | héliotrope, | hermétique, |
| | helléniste, | hermine, |
| » haine (*la*), | « hem! | » hernie, |
| » haire (*la*), | hémine, | » héron, |
| » hé! eh! | hémisphère, (1) | » héros (2), |

(1) *Hectolitre*, *hectomètre*, *hectogramme*, *hémiplégie*, *hémistiche*, *hématite* ou *sanguine*, *hématose*, etc. HÉMA signifie *sang*, de-là aussi vient *hémorroïdes*, le mot *hétéro* se trouve dans *hétérogène*, *hétérodoxe*, etc.

(2) *Héros* seul est aspiré. *Héroïque*, *héroïne*, etc. ne s'aspirent pas.

| | | |
|---|---|---|
| » lierse (*la*), hétérogène (1), *pag.* 16. | » hêtre (*le*), hexagone, (*) | œcuménique, œdème, œsophage, |

2°, » »

3°, É-QUARRI, E-RREUR, E-SPRIT et autres mots non exclus ci-dessus. Mais quand faut-il mettre un accent? et quel accent? *Règle générale* applicable à l'E sonore (É et È) initial, sub-initial, pénultième, final et même intérieur.

N'accentuez pas, lorsque l'E sonore est suivi de deux consonnes dont la seconde n'est ni L ni R: *ve-ste, ve-rtu, e-sprit, e-ffraction.* 2°, Lorsqu'il est suivi d'une consonne finale autre que S: *bref. cap, aci-er, am-er, val-et,* etc. Accentuez donc *é-pi, tré-ma, pè-re, é-pris, siè-cle, dé-froqué, suc-cès.*

## §. 2. É *ou* È *sub-initial.*

| | | |
|---|---|---|
| 1°, Beignet, beiram, blaireau, | quelque, quémander, quéraïba, quérimonie, quérir, | schérif, |
| chrétien, | questeur, question, quête (3), | faisan, faisceau, fainéant, fraisil, phébus, phébé, phénix, |
| quai, quaiche, que, quelle, | | |

*) Hédypnoïs, hédysarum, héler, hélianthème, hélice, hélose, hémérocale, hémionite, hépar, etc. C'est l'Académie qui grossit son œuvre de tous ces mots, et ne veut pas même nous apprendre comment s'écrivent *Gros-Jean*, le père *Adam*, *Cicéron*, *Amphitryon*.

(3) Ajoutez *que*, *quenouille*, *quenotte*, etc. et vous aurez les mots qui commencent par *quai* et *que*. Nous ne répétons point que les mots de la même famille suivent la même orthographe: ainsi on écrit *quêter*, *questure*, etc.

phénomène,
phlébotomie,

---

jérémiade,
laiteron, lait,
laiton, laitue,

---

maison,
prairie,

---

rayon,
raifort,
rainette ou reinette,
raiponce,
raisin, raison,

---

saisie,
saison,
scélerat,
scène,
sceptique,
sceptre,

---

ce, cette,
céans,
cécité,
cédille,
cèdre, cédrat,
cédule,
cela, celui,
céladon,
célèbre, céler,
céleri, célérité,
céleste,
céliaque,
célibat,
cellier,
cellule,
celtique,
cément,
cénacle,
cène,
cénelle,
cénobite,
cénotaphe,
cep,
cependant,
céphalique,
cérai,
cerbère,
cerceau,
cercle,
cercueil,
cérémonie,
cérès,
cerf, cerfeuil,
cérise,
cerner, cerneau,
certes, céruse,
cerveau,
césarien,
cervoise,
cesse, cession,
cesse (*il*),
césure,
cétacée,
cétérac.

---

thé, (V. not. 5.)

2°, NOTA. Voy. *le* 1er *avis pag.* 4. Ainsi l'on trou-

---

(4) L'Académie par antipathie pour les noms propres, a exclu *Jérome* et *Jésus* avec les *Jésuites* de son dictionnaire, où elle accorde les honneurs de l'insertion à l'intestin *Jéjunum*. Nous nous proposons de réclamer en faveur des noms propres d'hommes, de femmes et d'animaux célèbres. Lorsque j'écris un mot de billet à *André*, à *Jacques*, ou que je parle de *Pompée*, de *César*, mon maître de philosophie me permettrait-il donc d'écrire ces mots comme je voudrais? Car si je fais un pari, je le gagnerai, ne pouvant être condamné que d'après le dictionnaire de l'Académie. Je pourrais donc écrire impunement *hendrée*, *jâc*, *pompet*, *césart*, ou autrement.

(5) *Théâtre*, *théisme*, *thême*, *Thémis*, *théologie*, *théorie*, *thérapeutique*, *thériaque*, *thermomètre*, *thésauriser*, cependant on écrit *trésor*, etc., *thèse*.

vera dans le son final, *nez*, *mets*, etc.; et dans le son pénultième, *il baigne*, le *saint-chrême*, etc.

3°, De-spote, fé-rule, ge-rmain, se-rviteur, té-nace, etc. et autres non exclus par la liste ci-dessus. **) (*Voy.* not. 4, pag. préc.)

## §. 3. É *final.*

1°, Mai, le seul mot en *ai* qui se prononce en *é*.

---

Clef (la),
amitié, *f.*
moitié, *f.*
pitié, *f.*

---

pied,

---

apogée, *m.*
athée, *m.*
caducée, *m.*
colisée, *m.*
coryphée, *m.*
élysée, *m.*
hyménée, *m.*
empyrée, *m.*
lycée, *m.*
mausolée, *m.*
musée, *m.*
périgée, *m.*
Protée, *m.*
prytanée, *m.*
pygmée, *m.*
scarabée, *m.*
spondée, *m.*
trophée, *m.* (1),

---

bûcher, *m.*
clocher, *m.*
coucher, *m.*
danger, *m.*
déjeuner, *m.*
goûter, *m.* (1)
manger, *m.*
plancher, *m.*
rocher, *m.*
toucher, *m.*
verger, *m.*
volontiers,

---

et :

---

assez,
nez,
rez-de-chaussée.

2°, A. La *vérité* et autres mots féminins en *té*, excepté une *futée*, la *pâtée*, les adjectifs féminins une *effrontée*, et les substantifs comme *assiettée*, *charrettée*, *nuitée*, *potée*, etc.,

---

**) *Phœnicure*, *maidan*, *thénar*, *thesmothète*, *cérinthée*, etc., mots inserés dans le dictionnaire de l'Académie, qui ne nomme pas même *Epicure*, *Titan*, *César*, *Philoctète*, *Orphée*.

(1) On écrit le *dîner* ou le *dîné*, le *souper* ou le *soupé*.

c'est-à-dire plein *une assiette*, etc., qui rentrent dans la grande analogie.

B. *ac*-IER et autres mots en *ié*, il ne peut être ici question des adjectifs passifs *all*-IÉ, *del*-IÉ, *crucif*-IÉ, etc.

C. *Berg-er*, *noch-er*, *horlog-er*, *pêch-er*, et autres noms d'état ou métier et d'arbres.

3°, Le CAF-É, la DIARRH-ÉE, GEL-ÉE et autres mots non exclus ci-dessus, c'est-à-dire que les mots masculins s'écrivent par É, et les féminins par ÉE. *Voy.* pag. suiv., note (2).

Cette règle et la précédente comprennent plus de dix mille mots.

## § 4. *Il n'y a point d'É pénultième.*

---

## §. 4 E *final.*

1°, Bai,
frai (*du poisson*),
gai, geai,
lai, quai,
vrai,

---

laid, plaid,

---

haie (la),
baie, braie,
claie, craie,
ivraie, laie,
monnaie,
orfraie,
plaie,
raie,
saie, taie,

---

ais, biais,
dadais,
désormais,
engrais,
épais,
frais,
jais (du)
jamais,
laquais,
marais,
mauvais,
mais, ouais,
palais,
panais,
punais,
rabais, rais,

---

fait (1),

lait,
souhait,
trait (1),

---

faix, paix, legs,

---

abcès, accès,
après,
auprès, près,
congrès,
cyprès, décès,
excès, exprès,
grès, procès,
profès, progrès,
succès, mets,

---

bey, dey.

---

(1) *Fait*, *trait* et leurs composés *défait*, *forfait*, *parfait*, *abstrait*, *portrait*, etc.

2°, A. *Balai* et autres mots masculins venant des verbes en AYER.

B. *Aunaie*, lieu planté d'aunes et autres semblables. *Cérisaie*, *frénaie*, *oseraie*, *futaie*, etc.

C. *Anglais*, *écossais*, et autres noms de peuples.

3°, VAL-ET, MOLL-ET et autres substantifs et adjectifs : BRIQUET, CORSET, EFFET, FAUSSET, SORET, HOCHET, PAMPHLET, PAUVRET.

---

(2) Puisqu'il nous reste un espace libre, émancipons-nous un moment hors du cercle tracé par l'Académie.

Par un esprit de contradiction, il paraît ici qu'un sexe a voulu prendre le vêtement de l'autre ; car, excepté *Noé* qui planta la vigne, *Josué*, qui arrêta le soleil ; *André*, le bon André, d'une part ; et mesdames *Adrastée*, *Alphésibée*, *Cassiopée*, *Cythérée*, *Déiopée*, *Galathée*, *Médée*, *Penthésilée*, et quelques autres inconnues, la nourrice de *Jupiter*, la chèvre *Amalthée*, la paysanne *Dulcinée* et la bourgeoise *Dorothée*, d'autre part ; les noms propres d'hommes sont en ÉE, et les féminins en É.

On écrit le diable *Asmodée*, St. *Boromée*, *Galilée*, *Idoménée*, *Machabée*, *Morphée*, *Prométhée*, *Sychée*, *Thésée*, *Timothée*, etc. D'après cette analogie, on ne sait pourquoi on n'a pas eu un *Napoléonée*, il eût rimé richement avec *Salmonée* ;

La brodeuse *Arachné*, la cruelle *Arsinoé*, l'impérieuse *Astarbé*, la jeune *Chloé*, la prisonnière *Danaé*, *Daphné*, *Fatmé*, *Hébé*, *Leucothoé*, *Niobé*, *Circé*, *Phébé*, *Phryné*, *Pasiphaé*, *Psyché*, *Thisbé*, toutes reines ou dignes de l'être, qui tout au moins valent bien le *Céphée*, la *Cérinthée* de l'Académie.

## §. 4. È *Pénultième.*

1°, ÈB.

Faible.

ÈC.

avec, bec,
échec, grec,
pec,
salamalec,
sec,
abject (1),
aspect,

È-CH.

laiche *ou* leiche,
quaiche,

ÈD.

aide, *v.*
plaide, *v.*

ÈF.

bref, brief,
chef, fief,
grief,
nef, relief,
greffe (*le* et *la*),
Joseph.

ÈG.

neige, pleige,
aigle, seigle,

---

chataigne,
baigne, *v.*
daigne, *v.*

---

empeigne,
enseigne,
peigne, *v.*
teigne, *f.*

---

aigre,
maigre.

ÈL.

aile,
érysipèle, *m.*
fidèle (*il est*),
frêle (*il est*),
grèle (*il est*),
modèle, *m.*
parallèle, *m.*
poêle (*le* et *la*),
zèle, *m.*
vermicelle (*du*),
appelle, *v.*
emmielle, *v.*
épelle, *v.*
excelle, *v.*
flagelle. *v.*
interpelle, *v.*
libelle, *v.*
querelle, *v.*
rebelle, *v.*
renouvelle, *v.*
scelle, *v.*
selle, *v.*

È-M.

aime, *v.*

---

hem,
item, requiem,
dilemme,
chrême (st.).

È-N.

aine, aubaine,
bedaine,
capitaine,
centaine (2),
chaine, domaine,
faîne, fontaine,
fredaine,
futaine,
gaîne, graine,

---

(1) *Circonspect, correct, direct, infect, respect, suspect*, où la dérivation amène ECTE : circonspecte, etc.

(2) *Dixaine, vingtaine, neuvaine*, etc.

» haine, laine,
marjolaine,
migraine,
marraine,
misaine,
mitaine,
porcelaine,
semaine, traîne,

---

aveine,
*ou* avoine,
baleine, haleine,
peine (de la),
reine, seine,
veine, verveine,

---

abdomen,
amen,
Eden, hymen,

---

antenne,
antienne,
étrenne,
garenne,
empenne, *v.*
moyenne, *v.*
renne.

ÈP.

cep,
julep,
salep, sept.

ÈR.

air, chair,
clair, éclair,
pair, vair,

---

aire, brairé,
chaire,
dromadaire,
faire, flaire, *v.*
glaire, » haire,
janissaire,
maire, plaire,
raire, repaire,
téméraire,
taire, traire,

---

amer, belvéder,
cancer, cher,
enfer, éther,
fer, fier,
hier, hiver,
Lucifer,
magister,
stathouder, ver,

---

cimeterre,
équerre, erre, *v.*
ferre, *v.*
guerre, lierre,
pierre, serre, *v.*
terre, tonnerre,
verre,

---

pervers, revers,
vers, univers,
tiers,

---

cerf, serf, nerf,

---

berce, *v.*
commerce, *v.*
exerce, gerce, *v.*
perce, *v.*
quinquerce, *v.*
tierce.

ÈS.

affaisse, *v.*
baisse, *v.*
caisse,
graisse,
laisse,

---

espèce,
nièce, pièce,

---

aspergès,
Cérès, ès-,
florès (*il fait*),
kermès, patrès,

---

acquiesce, *v.*
vesce,
est, ouest,
lest, test,
zest.

ÈT.

faîte, laite,
traite,

---

arbalète,
arête, *f.*
bête, crête,
diète, fête,
honnête,
planète,
prête, *v.*
quête, *v.*
tempête, *v.*

---

brouette, *v.*
cadette, *v.*
courbette, *v.*
émiette, *v.*

endette, *v.*
feuillette, *v.*
fouette, *v.*
guette, *v.*
pirouette, *v.*

tette, *v.*

connaître,
maître,
naître,
paître,
traître,

reître,

lettre,
mettre.

ÈV.

glaive.

ÈX.

index,
perplex.

ÈZ.

aise, aisé,
baise, *v.*
braise,
chaise,
cymaise,
fadaise,
fournaise,
fraise,
glaise,
mortaise,

trapèze,

seize,
treize.

2°, A. *V-aine*, *pl-eine*; *chréti*-enne, *vendé*-enne, et autres adject. qui ont le masculin en *ain*, *ein*, *ien*, ou *éen*. Voy. pour ceux-ci à l'IN final.

B. *Abécédaire*, *actionnaire*, *adversaire*, *notaire*, *commissaire*, *commissionnaire*, *circulaire*, *contraire*, *douaire*, et autres mots subst. ou adject. masculins formés d'un mot plus court, *abécé*, *action*, *adverse*, *note*, *commis*, *commission*, *cercle*, *contre*, *doué*, etc. Cette belle règle comprend plus de 200 mots. Pour éviter les erreurs de jugement, il sera bon de se les faire expliquer une ou deux fois par un bon maître (1).

(1) On ne les confondra pas avec les noms féminins, comme dans une rente *viagère*, une *horlogère*, etc. qui viennent des masculins *viager*, *horloger*, ni avec les substantifs en *ière*, comme *aiguière*, *barrière*, *cimetière*, *civière*, *crinière*, *frontière*, *gouttière*, c'est-là que le danger est plus grand; mais d'abord les noms en *aire*: *bréviaire*, *incendiaire*, *intermédiaire*, *mobiliaire*, *munitionnaire*, *nobiliaire*, *pécuniaire*, *plagiaire*, *plénipotentiaire*, *stipendiaire* et *vestiaire*, sont les seuls qui s'écrivent par *iaire*, pron. *ière*, et non *ïère*, qui est beaucoup plus bref.

C. Un *orteil*, une *abeille*, et autres mots où L est mouillé. Les masculins sont on *eil* et les féminins en *eille*.

D. *Du-el*, *cru-el* et autres mots masc., *écu-elle*, *superfici-elle* et autres mots féminins.

E. *Cassette*, et autres substantifs féminins.

3°. HI-ÈBLE, BIBLIOTH-ÈQUE, *il* ALL-ÈCHE, REM-ÈDE, COLL-ÉGE, B-ÈGUE, *il* ATTÈ-LE, PO-ÈME, AR-ÈNE, GU-ÈPE, ÈRE, ADR-ESSE, il S'ADR-ESSE, un ATHEL-ÈTE, S'INQUI-ÈTE, SE-XE, DIOC-ÈSE, etc., et autres mots non exclus ci-dessus.

## *Quatrième Section.*

### §. 1. EU *initial.*

1°, *Heureux* ( heur, heure), et *heurter*, sont les seuls mots où le son *eu* initial se peigne par *heu*.

2°, »

3°, EU-ROPÉEN. Cette initiale n'a pas une douzaine de mots. Eu adjectif, dérivé d'*avoir* se prononce U, *il a eu. Voy. le son* U.

### §. 2. EU *sub-initial.*

Il n'a proprement à réclamer que le beau *queussi-queumi* de l'Académie qui, selon elle, signifie *absolument de même*, et *jeudi* qui contre sa grande analogie s'écrit par *j*. Il pourrait avoir aussi des monosyllabes comme *ceux*, *queue*, et des dissyllabes comme *jeune*, etc. Mais d'après l'AVIS *pag.* 4, ils ont pu être renvoyés dans les deux derniers paragraphes; ce qui pour le résultat est queussi-queumi.

## §. 3. EU *final.*

| | | |
|---|---|---|
| 1°, Bleu, | peu, | ceux, |
| morbleu, | vœu, | eux, |
| feu (*le roi*), | nœud, | preux. |
| hébreu, | queue, | » |
| jeu, | queux, | » |

2°, Un *lieu*, une *lieue*; ainsi des autres substantifs masculins, et des substantifs et adjectifs féminins : un *cheveu*, la *banlieue*, la barbe *bleue*, la *feue* (*reine*), etc.

3°, Vigour-eux, belliqu-eux, et autres adjectifs de cette finale; ils sont au nombre de près de deux cents; il n'y a, comme on a vu, que *bleu*, *feu* et *hébreu*, qui s'écartent de cette analogie.

## §. 4. EU *pénultième.*

| | | |
|---|---|---|
| 1°, Éteuf, | accueil (1), | cœur, |
| neuf, | cercueil (1), | sœur, |
| veuf, | écueil (1), | |
| bœuf, | œil (1), | demeure, *f.* |
| mœuf, | orgueil (1), | heure, *f.* |
| œuf, | recueil (1), | beurre, *m.* |
| veule (*un* | jeûne (*il*), | leurre, *m.* |
| *homme* veu- | jeune (*il est*), | |
| le ou *faible*), | chœur, | mœurs. |

(1) Dans les six mots *accueil*, *cercueil*, *écueil*, *œil*, *orgueil* et *recueil*, l'*u* ne se prononce point. Autrement on auroit *ac-cu-e-il*, etc. il est purement euphonique; il sert à conserver au C et au G leur son dur; car ôtez l'u, il faudra lire *ac-cè-il*, *ak sè-il*. D'après cette orthographe le son *eu* est donc représenté par E, ce qui est contraire à la raison. Ces mots devraient s'écrire *accueuil* ou *accœuil*, etc. On a aussi les verbes *accueillir*, *cueillir*, *recueillir*, où

2°, A. *Aïeul*, *aïeule*, *chevreuil*, *feuille*, c'est-à-dire que les masculins sont en *eul*, *euil* ; et les féminins en *eule*, *euille* (1).

B. *Moqueur*, *peur*, *honneur*, et autres adjectifs masculins et substantifs quelconques, masculins ou féminins.

3°, M-EUBLE, AV-EUGLE, il GU-EULE, PHAL-EUQUE, TUBÉR-EUSE.

## *Cinquième Section.*

### §. 1. I *initial.*

1°, »Hiatus,
»hibou,
»hic (*voilà le*),
hidalgo,
»hideux,
»hie (*une*),
hièble,
»hiérarchie,
hiérophante,
hiéroglyphe,
hilarité,
hippocentaure,
hippocrène,
hippogriffe,
hippopotame,
hirondelle,
histrion,
hiver,
hyacinthe,
hyades,
hybride,
hydraulique,
hydre,
hyène,
hygiène,
hymen,
hymne,
hyoïde, (*os*),
hypéricum,
hysope,
hystérique,

J.

yacht,
yeuse,
yeux, ypréau,
ypsiloïde.

2°, *Hydra*-gogue, *hydro*-gène, *hyper*-bole ; *hypo*-thèse, et autres mots en idro, iper, ipo ; ces trois mots viennent du grec ὕδωρ, eau ; ὑπὲρ, dessus, et ὑπὸ, dessous.

3°, I-MAGE, I-CHTYOPHAGE, et autres mots non exclus dans les deux numéros précédents.

---

se retrouve le même vice. On devrait écrire *accueillir* ou *accœuillir*, etc. Mais c'est à l'Académie de rappeler le bon usage qu'elle a proscrit.

(1) L'orthographe de *feuille* se conserve dans ses composés masculins : un *chèvre-feuille*, un *porte-feuille*.

## §. 2. I *sub-initial.*

1°, Bysse,

---

C(*pron*.K**),
chiromancie,
chiste,
chrysalide,

---

kiosque,
kirielle,
kyste,

---

qui, quiconque,
quidam,
quiétude,
quille,
quine, quinaud,
quinola,
quiproquo,
quis, quitte,
quitus,

---

clystère,

CH.

chyle,
schisme,
schiste(*pr.* chite)

D.

dynastie,
dyscole,
dyssenterie,
dryade

F.

philantrope,
philippique,
philologie,
philosophie,
philtre,
phimosis,
physionomie,
physique,
phthisie.

---

G.

gymnase,
gynécée,
gypse,
gyromancie,

L.

lycanthrope,
lycée,
lychnis,
lyre,

M.

myologie,
myope,
myriade,
myrobolan,
myrrhe,
myrte.
mystère,
mythologie,

P.

prytanée,
pygmée,
pylore,
pyramide,
pyrèthre,
pyrite,
pyrotechnie,
pyrrhonien,
pythie,
physcologie,
ptyalisme,

R.

rhinocéros,
rythme *ou*
rhythme,

S.

ci, ciboire,
ciboule,
cicatrice,
cicéro,
cicérole,
cid, cidre,

---

(**) Il ne peut y avoir de KI initial par CI; il se prononcerait si : les diverses sortes de KI par KI, CHI, QUI, etc. sont tous compris dans les monogènes.

*Suite.*

ciel, cierge,
cigale,
cigogne,
ciguë, cil,
cilice, ciller,
cime, ciment,
cimeterre,
cimetière,
cimier,
cinabre,
cinéraire,
cioutat,
cippe,
cire, ciroène,
ciron,
cisalpine,
ciseau,
ciste,
cité (*une*),
citation,
citérieur,
citerne,
citron,
citrouille,
cive, civette,
civet,
civière,
civil,

---

cycle,
cygne,
cylindre,
cymaise,
cynique,
cynoglosse,
cyprès, cyprine,
cytise,

---

sciatique,
scie,
science,
scille,
scion, scissile,
scission,

---

sycomore,
sycophante,
syllabe,
syllogisme,
sylphe,
sylvain,
symétrie,
synagogue,
synallagmatique,
synode,
synonyme,
synoptique,
synoque,
synovie,
syphon,
syringa,
syrtes *ou* sirtes,
système,
systole,

T.

typhon,
type,
tyran,

---

thyrse,

X.

xylostéum,
xylon **,

Z.

zibeline,
zig-zag,
zizanie.

---

**) Une fois pour tout je m'affranchis de la férule académique, ce traité est déjà trop aride, je ne le grossirai plus par des mots barbares qui ne doivent être connus que par quelques initiés.

Je ne rapporterai donc point ici les *cyzicène*, les *chryszocolle*, les *cynosure*, les *chirologie*.... de l'Académie, je n'ai point l'intention d'instruire dans leur art des Vestris, des Ruggieri, des maçons, des herboristes, des astrologues, des sorciers : et je venais de promettre de ne plus revenir à cette galère.

*

2°, *Circ*-onférence, et autres mots en *circ*, tels que *circuler*, *circuit*, *cirque*, *circoncire*, *circonstance*.

3°, BRI-QUET, DI-MANCHE, FI-ANCÉE, GUI-MAUVE, GI-ROFLE, LI-MAÇON, MI-ROTON, NI-GAUD, PI-TIÉ, RI-EUR, PRI-EUR, SI-LENCE, TI-MON, VI-OLON, etc.

## § 3. I *final*.

1°, Fourmi, *f.* (1)
merci, *f.* (1)

arsenic, cric,

muid, nid,

bain-marie, (1)
génie, *m.* (1)
impie, *m.* (1)
incendie, *m.*
messie, *m.* (1)
parapluie, *m.* (1)

chenil, (2)
fils,
brebis, *f.* buis,
cadis (du),
cambouis,
châssis,
chènevis,
chervis, dervis,
hormis,
margouillis,
panaris, parvis,
pays,
paradis,
pertuis, pis,
pourpris,
ris, rubis,
salmigondis,
salmis,
salsifis,
souris, *m. f.*
tabis,
taudis, torticolis,

christ, (*Jésus*)

nuit, *f.* (1)

acabit,
appétit,
bandit,
conflit,
délit,
habit,
» hanscrit, obit,
prurit, répit,
crucifix,
dix, prix,
perdrix, six,

riz.

2°, A. *Avis*, *profit*, et autres substantifs masculins qui ne diffèrent du verbe que par le retranchement de la finale. *Abri* seul est

---

(1) *Fourmi*, *merci*, *nuit*, *brebis* et *vis*, sont les seuls féminins, qui ne soient pas terminés par un E muet; *bain-marie*, *génie*, *impie*, *incendie*, *messie*, *parapluie*; les seuls masculins en IE.

(2) *Fusil*, *gentil*, *nombril*, *outil*, etc. Voyez à l'I pénultième.

excepté, d'*abriter*, il devrait faire *abrit* (1).

B. *Taillis*, *semis* et autres substantifs masculins formés d'un verbe par le changement de la finale: *taillis*, de *tailler*; *semis*, de *semer* (2):

C. *Marqu-is*, *espr-it*, d'où *marqui-sat*, *spirituel* et autres mots masculins où la dérivation amène S ou T (3).

3°. LUNDI, BOUGIE, c'est-à-dire que tous les mots non exclus ci-dessus ont le masculin en *i*, et le féminin en *ie* (4).

## §. 4. I *pénultième*.

1°. IB.

ex-*hibe*, *v.*
pro-*hibe*, *v.*

IC.

agaric,
alambic,
aspic,
basilic,
mastic,
pic,
pronostic,
public,
ric-à-ric,
syndic,
tic, trafic,
district,
strict,

ID.

cid, David,

---

clepsidre,
hydre,

IF.

brife, *v.*
calife,
pontife,
biffe, *v.*
chiffe, griffe,
escogriffe,

---

apogryphe,
hiéroglyphe,

---

(1) Tels sont *bris*, *débris*, *treillis*, *lambris*, *surplis*, *vis-à-vis*, etc., de *bris*-er, *treillis*-ser, *lambris*-ser, *plis*-ser, *vis*-er, etc.

(2) Tels sont *gâchis*, *hachis*, *lavis*, *levis*, *logis*, *pilotis*, *réversis*, *sursis*, etc., de *gâcher*, etc.

(3) Tels sont *acquis*, *gris*, *lit*, *rit*, *d'acquis*-ition, *gris-âtre*, *alité*, *rit-uel*, etc.

(4) Tels sont *alibi*, *biribi*, *souci*, et sept à huit cents autres mots.

NOTA. *Souci*, *pari*, etc., viennent de *soucier*, *parier*. Car si l'on retranche *er*, ils doivent nécessairement se terminer en *i*.

logogryphe,
triglyphe,

siffle, *v.*

chiffre,
piffre,

borborygme,

cygne,

IL.

alguasil,
bissextil,
civil, exil,
fil, il,
morfil,
mil (*en date*),
nil, pistil,
puéril, subtil,
vil, viril,
volatil,

annihile, *v.*

bill,

codicille,
codille,
distille, *v.*
fibrille,
gille,
imbécille,
mille (*deux*),
oscille, *v.*
pupille,
tranquille,

vacille, *v.*
vaudeville,

chyle,
dactyle,
éolipyle,
style,

idylle,
sibylle,
sylphe,
sylve,

IM.

cacochyme,
anonyme,

hymne,

IN.

androgyne,

IP.

grippe, lippe,
nippe,

polype,
type,

apocalypse,
gypse,

crypte,

IR.

décemvir,
désir, élixir,
faquir, loisir,
nadir, plaisir,
saphir,
soupir, visir,

bruire,
circoncire,
confire, cuire,
con-*struire*,
écon-*duire*,
é-*crire*, frire,
lire, luire,
nuire, rire,
suffire, (1)

martyr,
zéphyr,

collyre, lyre,
martyre,
porphyre,
satyre (*un*),

myrrhe,

thyrse,

syrthe,

IS.

bis,
cassis, coccis,
diésis, gratis,

(1) Ces treize verbes et leurs composés sont les seuls verbes en *ire*; les autres, au nombre de 444, sont en *ir*.

iris, lis, métis, Thémis,

immisce, *v.*

coulisse, éclisse, écrevisse, génisse, jaunisse, jocrisse, mélisse, narcisse, pelisse, pythonisse, réglisse, saucisse, suisse,

fisc,

christ, isthme,

IT.

aconit, déficit, granit, introït, rit, transit,

zénith,

quitte, *v.*

acolyte, cocyte, néophyte.

prosélyte, troglodyte,

logarithme, rythme,

IX.

phénix, onyx, préfix, Styx,

IZ.

analyse, *v.* paralyse, *v.*

2°, A. *Finir* et autres verbes non exclus ci-dessus.
B. Il *rapetisse*, et autres verbes en *i-sser*; excepté *il épice*, *il police*.

3°, DOMEST-IQUE, CANTHAR-IDE, ESQU-IF, FIGURE, VOL-IGE, AG-ILE, AS-ILE, C-IME, AUBÉPINE, VAMP-IRE, PROP-ICE, CHEM-ISE.

## §. 1. IN *initial.*

Il n'offre aucune difficulté. On écrit *imberbe*, *impie*, *ingrat*, etc., toujours par *im* devant B et P, et par *in* dans tous les autres cas.

## §. 2. IN *sub-initial.*

| | | |
|---|---|---|
| 1°, B. | S. | symptôme, |
| | ceinture, | syncope, |
| Ben-jamin, | cingler, | synchrone, |
| benjoin, | cinquante, | syndérèse, |
| Q. | cintre, | syndic, |
| quinte, | ——— | syntaxe, |
| P. | scintiller, | |
| pensum, | ——— | ——— |
| peinture, | symbole, | synthèse. |
| pentamètre, | sympathie, | ——— |
| R. | symphonie, | » |
| rhingrave, | symphyse, | » |

2°, »

3°, Brim-borion, sin-cère, etc. Voy. pour les monosyllabes *plein*, *saint*, et les dissyllabes *lym-phe*, *peindre*, etc., les paragraphes suivants.

## §. 3. IN *final.*

| | | |
|---|---|---|
| 1°, Daim, | demain, | pain, |
| essaim, | écrivain, | parrain, |
| faim, | étain, | poulain, |
| ——— | levain, | quatrain, |
| airain, | main, | refrain, |
| chapelain, | merrain, | tain, |
| châtelain, | nonnain, | ——— |

maint, saint,
contraint,
craint, *craindre*,
plaint, *plaindre*,
Toussaint (*la*),

---

quint,

---

dessein,

frein,
plein, rein,
sein, serein,

---

seing,
atteint, ceint,
peint, teint,

---

examen,

---

distinct,

---

instinct,

---

succinct,

---

vingt,

---

thym.

2°, A. *Africain* et autres mots où la dérivation amène *aine*.

B. *Chien*, *Arménien*, *moyen*, et autres mots en IEN.

C. *Vendé-en*, *Idumé-en*, *Europé-en*, et autres mots en ÉEN.

3°, VIN, etc.

## §. 4. IN *pénultième*.

1°, Corymbe,
cinq (*ans*),
zinc,

---

contraindre,
craindre,
plaindre (1),
lymphe,
nymphe,

---

olympe,

---

absinthe,
Corinthe,
hyacinthe,
labyrinthe,
plinthe,
térébinthe,

---

pharynx,
larynx,
lynx,
sphynx,

---

quinze.

2°. *Peindre* et autres Verb. en *indre* non exclus ci-dessus, comme *teindre*, *atteindre*, *aveindre*, *feindre*, *restreindre*, *enfreindre*, *enceindre*, etc.

---

(1) Craindre, contraindre, plaindre, sont les seuls verbes en *aindre*; les autres sont *eindre*, etc.

3°, LINGE, il PINCE. L'analogie générale est d'écrire le son S par S. Ici il s'écrit par CE (1).

---

(1) Il faut toujours bien s'assurer des exclusions portées dans les monogènes ou les oligogènes. Il est aisé de *comprendre* que les mots dérivés de *craindre*, *peindre*, etc. comme *crainte*, *peinte*, suivent la même analogie.

## § 1. O *initial.*

1°, Au, auprès,
aujourd'hui,
aube,
aubain,
aubépine,
aubère,
auberge,
aubergine,
aubin,
aubier,
aubifoin,
aucun,
audace,
audience,
auge,
augelot,
augmenter,
augure,
auguste,
aulique,
aumône,
aumusse,
aune, aunée,
auparavant,
auréole,
auriculaire,
aurone,
aurore,
auspice,
aussi,
austère,
austral,
autan,
autant,
autel,
auteur,
authentique,
autocrate,
auto-da-fé,
autographe,
automate,
automne,
autopsie,
autour,
autre,
autruche,
auvent,
auxiliaire,

---

haubans,
haubert,
» haut,
» hautbois,
» heaume,

---

» ho! hola!
» hobereau,
» hoc,
» hoca,
» hoche,
» hocher,
» hochepied,
» hochepot,
» hochequeue,
» hochet,
» Hollande,
holocauste,
» hom!
homard,
hombre,
homélie,
homme,
honneur,
» honnir,
hôpital,
» hoquet,
» hoqueton,
» horde,
horion,
horizon,
horloge (une),
hormis,
horoscope,
horreur,
» hors,
hospice,
hospodar,
hostie,
hostile,
hôte,
hôtel,
» hotte,
» Hottentot.

2°, *Homo-gène* et autres mots commençant par omo. *Omoplate* seul est excepté.

3°, O-DIEUX et autres mots non exclus ci-dessus : O-FFICE, O-FFENCE, O-BSCÈNE, etc.

## §. 2. O *sub-initial.*

1°, Baudet,
baudir,
baudrier,
baudruche,
bauquin,

---

cauchemar,
cauchois,
caudataire,
Caudebec,
causer,
caustique,
cautère,
caution,
claudication,
claustral,

---

quoailler,
quolibet,
quotité,

---

chaudron,
chauler,
chaussée,
chauvir,

---

dauphin,

---

faubourg,
faucher,
faucon,
faufiler,
fauteuil,
fauteur,
fauvette,

---

phoque,
phosphore,
phlogistique,

---

gaudir,
glaucome,

---

geôlier,
laudanum,
laurier,

---

maudire,
maugréer,
maupiteux,
mausolée,
maussade,
mauvais,
mauviette,
mauvis,

---

naufrage,
nausée,

---

pauciflore,
paumelle,
paumure,
paupière,
plausible,

---

saucisse,
saugrenu,
saumon,
saumure,
saunage,
saupiquet,
saupoudrer,
saurage,
sauvage,

---

sceau, seau,

---

taudis,
taupin,
taureau,
tautologie,
thaumaturge,

---

thorax,

---

vaudeville,
vau-l'eau (à),
vaurien,
vautour,
vautrer.

*Voyez* dans l'O final et l'O pénultième les monosyllabes, comme *beau*, *faux*, etc., et les dissyllabes, comme *baume*, *chaume*; etc.

2°, »

3°, Bo-SQUET, CO-QUELICOT, CHO-COLAT, FO-MENTER, GO-SIER, JOLI, SO-TTISE, ZO-NE.

## §. 3. O *final*.

1°, Aloyau, boyau, étau, fabliau, fléau, gluau, gruau, » hoyau, joyau, noyau, préau, tuyau,

» hérault,

artichaut, boucaut, défaut, » haut, levraut, quartaut, saut, assaut,

bestiaux, chaux, déchaux, faux, matériaux, pénitentiaux, taux, vitraux,

apoco, » haro, baroco, bobo, cacao, coco, dodo, domino, duo, trio, écho, ergo, ex-abrupto, ex-professo, ex-voto, gogo, go, imbroglio, incognito, indigo, in-folio, in-petto, mémento, numéro, ho! hoho! piano, presto, quiproquo, solo, vertigo, virago, zéro,

broc, croc, accroc, escroc,

galop, sirop, trop,

chaos, clos, dispos, dos, gros, » héros, (1) propos, repos, berlingot, billot, bot (*pied*), brulot, cachalot, camelot, canot, charriot, coquelicot, dépôt, écot, escargot, godenot, goulot, » haricot, ilot, javelot, larigot, loriot, magot, mélilot, minot, mot, mulot, paquebot, pavot, pouliot, sarrot, *ou* sarrau, tôt, tantôt, plutôt, *etc.* turbot.

---

(1) » *Héros* seul est aspiré. On dit l'*héroïne*, l'*héroïsme*, etc.

2°, A. *Chaud, crapaud*, d'où *chaude, chaudière, crapaudine*, et autres mots où la dérivation amène un D (1).

B. *Abricot, dévot*, et autres mots qui dans la famille ont un T : ABRICOT, *abricotier*, DÉVOT, *dévote, dévotion* (2).

3°, AGN-EAU, ARC-EAU, et autres mots non exclus ci-dessus. Ce sont des mots qui dans la famille ont un *l*, ou ce sont des diminutifs : AGN-EAU, d'*agneler*, ARC-EAU, d'*arc* (3).

## §. 4. O *pénultième*.

**OB.**

1°, Aube, daube.

**OC.**

glauque, rauque,

---

bloc, choc, estoc, manioc, « hoc, roc, soc, troc,

---

coq, socque.

**OCH.**

chevauche, *v.* débauche, *v.* fauche, *v.* gauche.

**OD.**

baguenaude, blaude, chiquenaude, claude (*reine*), émeraude, fraude, *v.* gaude, laudes, ravaude, *v.*

**OF.**

sauf,

---

chausse, *v.* étoffe,

---

(1) Tels sont *clabaud, échafaud, grimaud, noiraud, pataud, réchaud, ribaud*, etc.

(2) Tels sont *cahot* de *cahoter* ; *chicot, complot, goulot, ergot, jabot, lingot, lot, margot, marmot, trot*, etc.

(3) Tels sont APPEAU, *appeler* ; *bandeau, bande* ; BATEAU, *batelier* ; BEAU, *belle* ; BOISSEAU, *boisselier* ; BOURREAU, *bourreler* ; CERCEAU, *cercle* ; CHAPEAU, *chapelier* ; CHATEAU, *châtelet* ; CISEAU, *ciseler* ; MONCEAU, *amonceler* ; PEAU, *peler* ; RATEAU, *rateler* ; SCEAU, *sceller* ; TOMBEAU, *tombe* ; VEAU, *vêler* ; et cent autres aussi faciles à reconnaître. Ceux qui offrent des difficultés comme *eau, blaireau, bureau, corbeau, lambeau, liteau, pinceau, porreau, rideau, roseau, seau, tréteau*, etc. sont également compris dans ces polygènes, n'étant pas exclus par les numéros précédents.

philosophe,

gauffre,
coffre, offre.

OG.

auge, bauge,
jauge,
patauge, *v.*
sauge.

OL.

épaule, *v.* gaule,
miaule, saule,

bémol, bol, col,
dol, espagnol,
fol, licol,
parasol,
rossignol,
sol, viol, vitriol,

bouterolle,
colle, *v.* folle,
molle,

oille, *pr.* o-ille.

O-M.

baume,
chaume,
» heaume,
psaume,
royaume,

» hom!
comme,
gomme, *v.*
nomme, *v.*
homme,
pomme,
rogomme,

somme (*une*),
somme, *v.*

quinquennium,
décorum,
détentum,
factotum,
galbanum, rum,
tedeum,
ultimatum,
vade-mecum.

O-N.

aune, *v.* faune,
jaune,

automne,

amazone,
anémone,
aumône,
cône, gorgone,
matrone,
monotone, nones,
patrone,
pomone,
prône,
tisiphone,
trône, zône.

OP.

gaupe, taupe.

OR.

centaure, gaures,
maure,
minotaure,
restaure, *v.*
saure, saur,

butor, castor,
cor, corridor,
essor, for,
fructidor,
major, mentor,
or, trésor,
tricolor,

porc-(*frais*),

bord, nord,

abhorre, *v.*

remords,

corps,

alors, fors,
» hors, dehors,
mors, recors,
tors,

effort, raifort,
renfort, tort,

amorce,
divorce,
écorce, force,

quatorze.

O-S.

exauce, *v.*
sauce,

chausse,
fausse, *v.*
gausse,
» hausse,

atroce, féroce,
négoce, noce,
précoce,
sacerdoce,

os (*un*),
rhinocéros,

ost (*armée*).

O-T.

aréonaute, argonaute, faute, » haute, saute, *v.*

baisotte, *v.* ballotte, *v.* bellotte, botte, *v.* buvotte, *v.* calotte, carotte, chevenotte, crotte, culotte, *v.* flotte, frotte, *v.* garotte, *v.* gavotte, gelinotte, gibelotte, griotte, gringotte, *v.* grotte, » hotte, linotte, marcotte, *v.* marotte, marmotte, *v.* menotte, motte, sotte, trotte, *v.* vieillotte,

autre, vautre, *v,* épeautre, peautre,

chauve, fauve, mauve, guimauve,

pauvre, cause, clause, pause.

2°, A. *Catas-trophe*, *hexa-gone*, et autres mots en *trophe* et en *gone*.

B. *Bord*, *mort*, et autres mots où la dérivation amène D ou T : *accord*, *sort*, *res-sort*, *fort*, etc.

3°, R-OBE, M-ODE, GIR-OFLE, L-OGE, T-OME, *il* FRIP-ONNE, *elle est* FRIP-ONNE, MATAM-ORE, B-OSSE, PR-OTE, PARAD-OXE, R-OSE, etc.

## *Huitième Section.*

### §. 1. OI *initial.*

OI n'est initial que dans *hoir*, *hoirie*, où il s'écrit par HOI ; et dans *oie*, *oiseau*, *oisif*, et autres mots de ces trois familles.

### §. 2. OI *sub-initial.*

On écrit par OA, *joailler*, *quoailler* ; par QU et OI, *quoi*, *quoique*, *pourquoi* ; et par OE les substantifs féminins *poèle*, *moelle*. Hors de-là, la consonne qui précède ce son est légitime, et l'on écrit par OI *boisseau*, *boîte*, *coiffeur*, *foison*, *goître*, *joyeux*, *soirée*, etc.

## §. 3. OI *final.*

| | | |
|---|---|---|
| 1°, Foi (*la*), | anchois, | tournois, |
| loi (*la*), | carquois, | trois, |
| paroi (*la*), | gravois; | ——— |
| froid, | grégeois, | choix, croix, |
| ——— | guingois (*de*), | noix, *f.* |
| foie (*le*), | minois, | poix (*la*), |
| ——— | mois, patois, | voix (*la*). |
| doigt, | pois, | |
| poids (*un*), | tapinois (*en*), | |

2°, *Bourgeois*, *adroit*, et autres mots où la dérivation amène un S ou un T : tels sont FOIS, d'ou *foison*; EMPOIS, SOURNOIS.

3°, Un EFFR-OI, une COURR-OIE, etc. c'est-à-dire, que les masculins s'écrivent par OI et les féminins par OIE.

## §. 4. OI *pénultième.*

| | | |
|---|---|---|
| 1°, Soif, | ——— | soir, terroir; |
| coiffe, | aspersoir, | ——— |
| ——— | dortoir, | boire (*il faut*), |
| poil (*le*), | désespoir, | croire (*il faut*), |
| poèle (*le et la*), | espoir, hoir, | compulsoire, |
| moelle, | loir, noir, | consistoire (*le*). |

2°. A. Le *polissior*, et autres substantifs masculins convertibles d'OIR, en ANT : POLISSOIR *polissant*; ABREUVOIR, *abreuvant*; MANOIR, *manant*; TROTTOIR, *trottant*, etc. (1)

(1) Cette règle comprend près de cent mots. Ajoutez-y les neuf monogènes *aspersoir*, etc., vous aurez la totalité

B. *Avoir*, et autres verbes. Il n'y a que deux monogènes, qui sont *boire* et *croire*, et leurs composés *déboire*, *rebòire*, *accroire*, *décroire*.

3°, Le V-OILE, la V-OILE, ANTIM-OINE, le PURGAT-OIRE, la BALANÇ-OIRE, la PAR-OISSE, il CONV-OITE, ARD-OISE (1).

---

des masculins en *oir* je dis masculins, car tous les féminins sont polygènes et en *oire*.

D'après la règle *polissoir*, écrivez donc *accoudoir*, *battoir*, *bouchoir*, *boudoir*, *bougeoir*, *brassoir*, *comptoir*, *dressoir*, *manoir*, *rasoir*, *savoir*, *tiroir*, *trottoir*, etc. Car on peut dire *accoudant*, *battant*, *manant*, *rasant*, etc. Les mots *compulsoire* et *consistoire*, qui viennent de *consistant*, etc. s'écartent de cette analogie.

(1) Les mots en *oir* et *oire* sont les plus nombreux comme les plus difficiles de ce paragraphe. D'après ce tableau il est évident que tous les mots féminins s'écrivent par *oire*. Ainsi, quoiqu'on écrive un *polissoir*, on écrira une *polissoire*, qui vient aussi de *polissant*, une grande *mémoire*, la *moire*, etc. Mais les substantifs masculins se partagent entre OIR, *voy. règle* A, et OIRE. On écrit d'après la grande analogie le *purgatoire*, le *mémoire*, le *monitoire*, du bel *ivoire*, le *ciboire*, un *réfectoire*, etc. parceque ces mots quoique masculins, sont inconvertibles d'*oir* en *ant*. On ne dit pas *purgatant*, *mémorant*, *monitant*, etc.

## §. 1. On. *initial.*

*Unguis*, *unciforme*, *hombre*, » *hongre*, » *honte* sont le seuls mots à difficultés : on écrit donc *onguent*, *ombelle*, etc.

## §. 2. On sub-initial.

| | | |
|---|---|---|
| 1°, Bonbon (1), rhombe, | thon, thrombe, *ou* | trombe. » |

2°, ».

3°, Bom-bance, bon-té, con-cile, gon-dole, jon-quille, son-ger, etc., c'-à-d. qu'à part les quatre monogènes ci-dessus, tous les autres mots de ce paragraphe sont sans difficultés.

## §. 3. On. *final.*

| | | |
|---|---|---|
| 1°, Nom, | fonds, | pont, |
| plomb, | ——— | rodomont, |
| donc, | reculons (*à*), | pensum, |
| jonc, | tâtons (*à*), | taon. |
| gond, | front, | » |
| ——— | mont, | » |

2°, *Blond*, d'où *blondin*, et autres mots où la dérivation amène un d ; *bond*, *fond*, *fécond*, *profond*, etc.

3°, Mais-on, badig-eon (2) et autres mots non exclus.

---

(1) C'est le seul mot où, devant B, on ne s'écrive pas par *om*.

(2) Il y a *badigeon*, *bourgeon*, *esturgeon*, *pigeon*, *plongeon*, *sauvageon*, *surgeon*, et il n'y a que *donjon* et *goujon*, par *jon*. Dans le corps des mots on écrit JON, *adjonction*, *conjonction*.

## Sur les mots en *ion*, *sion* et *zion*.

| | | |
|---|---|---|
| 1°, Scion (un), succion, Alcyon, clayon, crayon, rayon, | propension, tension, extension (1), | |
| embryon, amphictyons, | passion, cession (2), confession (2), digression (2), pression (2), session (2), | assertion, désertion, insertion (3), portion, |
| ex-pansion, appréhen-sion, ascension, dimension, dissension, pension, | scission (2), mission (2), concussion, discussion, percussion, jussion, | connexion, complexion, flexion (2), fluxion, mixtion, |
| | | visorium. |

2°, A. Convu-*lsion*, ve-*rsion* et autres mots en *lsion* et *rsion*. Il n'y a que quatre monog., savoir, *assertion*, etc.

B. *Adhésion*, et autres mots où la finale se prononce *zion*.

3°, IMITA-TION, CORREC-TION, ATTEN-TION, PER-SÉCU-TION, et autres mots non exclus ci-dessus (3).

---

(1) On écrit *attention*, *contention*, *détention*, etc. Il n'y a qu'*extension* qui suive l'analogie de *tension*.

(2) Il est toujours entendu que les mots de la même famille ont la même orthographe : CESSION, *concession*, *procession* ; DIGRESSION, *agression* ; CONFESSION, *profession* ; PRESSION, *répression* ; SCISSION, *rescision* ; MISSION, *commission* ; FLEXION, *génuflexion*, *réflexion*, etc.

(3) Il n'y a en *ertion* que les trois mots, *assertion*, *désertion*, *insertion*. Les autres sont en ERSION. Voy. *les oligogènes*, *règle* B.

Cette désinence en *ion* renferme plus de mille mots.

## §. 4. On. *pénultième.*

| | | |
|---|---|---|
| 1°, Donc, | compte, | —— |
| oncouonques, | comte, | bronze, |
| punch, | dompte, | onze, |
| triomphe, | prompte, | rumb, |
| réponse, | bonze, | junte. |

2°, ».

3°, Quic-onque, dipeth-ongue, l-onge, raip-once, et autres mots non exclus. Comme on voit *onse* s'écrire par *once*, ce qui est contraire à la grande analogie.

# *Dixième Section.*

## §. 1. Ou *initial.*

| | | |
|---|---|---|
| 1°, » Houblon, | » houppelande, | » houseaux, |
| » houe, | » houpper, | » houspiller, |
| » houille, | » hourailler, | » houssard, |
| » houle, | » hourder, | *ou* » hussard, |
| » houlette, | » houri, | » housse, |
| » houleux, | » hourque, | » housser, |
| » houper, | » hourvari, | » houssine, |
| » houppe, | » housé, | » houx. |

2°, ».

3°, Oubli, et autres mots non exclus ci-dessus : où, ou, ouaille, oublie, ouf, oui, ours, etc.

## §. 2. Ou *sub-initial.*

Ce son et son antécédence n'offrent jamais de difficulté. Bou-der, jou-jou, sou-tien, etc.

## §. 3. Ou *final.*

1°, Soûl, *pr.* soû,
pouls,

beaucoup,
coup,
loup,
sous *la table*,

août,

atout, bout,
brout,
coût,
égoût,
goût,
ragoût,

tout,
courroux,

doux,
époux,
» houx,
jaloux,
roux,
toux.

»

2°, ».

3°, LE FOU fait la MOUE ; c'est-à-dire que le masculin est en OU, le féminin en OUE : CAILLOU, BROU de noix, BIJOU, la BOUE, etc.

## §. 4. Ou *pénultième.*

1°, Bouc,

ouf,
pouf,
bouffe, *v.*
étouffe, *v.*
pouffe, *v.*
touffe,

gouffre,
souffle,
souffre (*il*),

capitoul,

» houppe,

lourd,
sourd,

bourre,
cours, fourre, *v.*
ours,
rebours,
velours,

source,

pouce,
courrouce, *v.*
goutte,

douze.

2°, Du *fenouil*, une *dépouille*, il *dépouille*. Les substantifs masculins sont en *ouil*, le reste en *ouille* (1).

---

(1) On a dû remarquer que les mots en *ail*, ceux *eil* en *euil*, et en *il* suivent la même règle : d'où cette règle générale :

L mouillé à la fin des mots, s'écrit par *il* dans tous les

3°, PANT-OUFLE, du S-OUFRE, R-OUGE, M-OULE, une B-OURSE, la C-OUR, il S'É-MOUSSE, il FIL-OUTE, PEL-OUSE.

## *Onzième Section.*

### §. 1. U *initial.*

1°, Eu, (*il a eu*)

» huard, » huche, » hucher, hue, » huer, » huette *ou* » hulotte, » huguenot, » huguenote, hui, d'hui, huile, huis, huissier, » huit, huître, humain, humecter, » humer, humérus, humeur, humilier, » hune, » huppe, » hure, » hurhaut, » hurler, hurluberlu, » hussard *ou* houssard, » hutte.

2°, »

3°, Us, USAGE, et autres mots non exclus ci-dessus : tels sont ULCÈRE, UNITÉ, UNISSON, UNIVERS, URGENT, etc.

---

masculins, substantifs ou adjectifs : un *bail*, un *attirail*, un *appareil*, *vermeil*, un *péril*, du *fenouil*, un *fauteuil*, et tous les féminins et tous les verbes s'écrivent par ILLE : une *bataille*, il *bâille* ; une *treille*, il *veille* ; une *feuille*, il *cueille* ; une *bille*, il *bousille* ; la *houille*, il *fouille*, etc.

## §. 2. U *sub-initial.*

*Quia*, *quinquagésime*, *quinquennium*, *quinquerce*, *quintuple*, *phu*, *rhu-barbe*, *rhu-matisme*, sont les seuls mots irréguliers. Ici, le son J qui se peint ordinairement par G ou GE comme dans *gageure*, pour *gajure*, se représente par J : *juge*, *jujube*.

## §. 3. U *final.*

| | | |
|---|---|---|
| 1°, Bru, *f.* glu, *f.* | dessus, | talus, |
| vertu, *f.* | plus, | statut, |
| jus, | pus, | flux. |

2°, *Abus* et *rebut*, autres mots où la dérivation amène un S ou un T. Tels sont *abstrus*, *infus*, *attribut*, *institut*, etc.

3°, Un FÉTU, MOULU, une STATUE ; c'est-à-dire que les masculins sont en U, et les féminins en UE.

## §. 4. U *pénultième.*

| | | |
|---|---|---|
| 1°, Aquéduc, | bulle, | ——— |
| caduc, | nulle, annulle, | busc, |
| duc, | ——— | musc, |
| ——— | » huppe, | jusques, *ou* |
| sud, | ——— | jusque, |
| talmud, | azur, dur, | ——— |
| ——— | futur, | bismuth, |
| tuf, | mur, mûr, | luth, |
| ——— | obscur, | ——— |
| buffle, | pur, | brut, chut, |
| ——— | sur, sûr, | lut, |
| calcul, | sur *le soir*, | occiput, |
| consul, | ——— | sinciput, |
| cul *ou* cu, | turc, | ——— |
| nul, recul, | astuce, *f.* | butte, |
| ——— | puce, *f.* | » hutte, lutte. |

2°, *Agnus*, et autres substantifs masculins ; ajoutez-y *Vénus*.

3°, PERR-UQUE, ÉT-UDE, M-UFLE, F-UGUE, DÉL-UGE, CAN-ULE, D-UPE, B-URE, AUM-USSE, CULB-UTE, B-USE.

## *Douzième Section.*

## *Les quatre* UN.

*Un* ne se trouve que dans *humble*, *parfum*, *un*, *aucun*, *brun*, *chacun*, *commun*, *à jeun*, *importun*, *nerprun*, *tribun*, *défunt*, *emprunt*.

### *Observations.*

1°. Quoique chacun de ces douze sons ait été examiné dans les quatre rapports d'*initial*, *sub-initial*, *final et pénultième*, cependant chaque mot n'est jamais sujet qu'à deux de ces examens. Soient par exemple *ha-ïr*, *ca-hot*, *en*-sanglan-*tant* : dans le premier, on examine le son initial A, (de quelque manière qu'il s'écrive), et le son pénultième IR, c'est-à-dire celui où I est pénultième ; dans *ca-hot*, c'est le son sub-initial CA, c'est-à-dire celui où A est sub-initial, et le son final O ; dans *en*-sanglant- *ant*, on ne considère que l'initiale et la finale AN. Reste *sanglant*, dont, comme on le verra, l'orthographe ne sera pas non plus difficile à examiner.

2°. Même, dans les monogènes, tels que *haïr*, *cahos*, etc., il n'y a, si l'on veut, qu'un examen à faire. Car ces mots sont écrits tout au long, une partie étant connue, le reste ne peut manquer de l'être.

3°. Il ne faut pas perdre de vue que dans le son sub-initial nous enseignons toujours tout à la fois le son voyelle et la consonne ou les consonnes qui le précèdent. Ainsi, en montrant que *gentiane* s'écrit par *en*, nous faisons voir aussi qu'il s'écrit par un G. Dans le son pénultième nous traitons en même tems de la consonne ou des consonnes qui le suivent. Ainsi on apprend ensemble que *pense* s'écrit par *en* et par *se*, que *femme* s'écrit par *e* et deux *mm*, etc.

## COROLLAIRES.

1°. Les douze sons étant examinés sous le quadruple rapport énoncé, il reste souvent une ou plusieurs lettres ou syllabes qui ne sont point atteintes par nos règles (1). Or, il y a deux manières de parvenir à cette connaissance, savoir par la dérivation ou par des règles nouvelles.

DÉRIVATION. Je sais, par le traité des treize sons, qu'on écrit *hardi*, *harnais*, *stalle*, *face*, *damne*, etc. J'écrirai donc *en*HARD*ir*, *en*HARN*acher*, *in*STALL*er*, *in*STALL*ation*, *fa-ci-al*, *fa-cé*, *effa-cé*, *ineffa-çable*, *façon*, *con*DAMN*ation*, etc. C'est ainsi qu'à la masse des choses connues on en rattachera un grand nombre d'autres, dont la connaissance ne sera pas moins certaine. Le maître fera faire à l'élève des milliers d'applications.

NOUVELLES RÈGLES. Nous aurions pu borner là ce traité, il n'eût pas été complet; mais il est exact, il offre des moyens infaillibles de vérification. Pour les deux premiers paragraphes, nous nous sommes servis du Dictionnaire de l'Académie, et pour les finales et pénultièmes, du Dictionnaire des Rimes, par M. Philipon. Chacun peut donc s'assurer par lui-même de l'exactitude de ce travail. Lorsque les ortographistes le posséderont bien, il leur restera peu de chose à savoir.

---

(1) Nous n'avons plus fait qu'une Section du son É et du son È.

Cependant nous allons chercher à le compléter, mais nos moyens de vérification exigeant quelquefois une attention trop long-temps soutenue, il pourra, dans cette partie, nous échapper quelques mots. Ils se retrouveront dans notre Dictionnaire orthographique, qui reproduira tout cet ouvrage sous une nouvelle forme; car nous ne voulons pas qu'un seul mot de nos préceptes soit accompagné d'un désolant *et cétéra.*

2°. Dans l'examen des treize sons, nous n'avons opéré que sur le commencement et la fin des mots : nous allons donc étudier les sons voyelles et les sons consonnes recélés dans le corps des mots; et nous les appelerons sons intérieurs, tels que N dans *pao*-nn-*eau*, et AI dans *ar*-ai-*gnée.* Nous suivrons l'ordre de l'alphabet

## A *intérieur.*

*Indemniser, indemnité, solennel, solennité,* sont les seuls mots où E se prononce comme A. On prononce *inda-mnité, sola-nel.*

## AN *intérieur.*

1°, *Authentique et nomenclature.*

2°, Cherchez dans les mots déjà connus, l'orthographe de l'AN intérieur : écrivez donc *calendrier, dépensier, dispensation, indipensable, incompréhensible, momentané*, etc., à cause de *calende, dépense*, il *appréhende, moment* (1). Écrivez *ensanglanter, enchantement, galanterie*, etc., à cause de *sang, sanglant, chant, galant.*

3°, ÉTANÇONNER, ABANDONNER, etc., c'-à-d. écrivez AN lorsque la dérivation ne peut mettre à découvert ni l'AN initial, ni l'AN sub-initial, ni le final, ni le pénultième.

## B *intérieur.*

*Abbé, abbesse, abbatial, abbaye, rabbi, rabbin, rabbinisme*, sont les seuls mots où B se double. Cette lettre ne présente point d'autres difficultés. Cependant il faut observer que placé devant un son fort, comme dans *absent*, on a de la peine à ne point lui donner le son du P.

---

(1) Les plus difficiles à rattacher à des mots déjà connus, sont *appendice, contravention, dimension, pissenlit, septentrion*, qui ont pourtant *pendre, contrevenir, venir, immense, septénaire*, etc.

## C *dur intérieur.*

Il peut s'écrire de cinq manières différentes, non compris celle où il se représente par un K; qui n'a qu'*enkiridion*. Le mot *enkysté* vient de *kyste*, dont on a montré l'orthographe dans l'I pénultième.

### §. 1. C *dur intérieur par* CH.

| | | |
|---|---|---|
| 1°, Achromatique, | archonte, | ischurie, |
| anachorète, | bacchante, | Michel-Ange, |
| archange, | brachial, | orchestre, |
| archétype, | cachexie, | orchis, rachitis |
| archiépiscopal (1). | catéchumène, | tachigraphie, |
| | enchymose, | technique. |
| | exarchat, | |

Tels sont les mots où C dur s'écrit par CH. On y pourrait ajouter, mais bien inutilement, *ochlocratie*, etc.

### §. 2. C *dur intérieur par* CQ.

*Acquérir*, *acquiescer*, *acquitter*, *Jacques*, *socque*: tels sont les mots de ce paragraphe. On n'écrit plus *becqueter*.

(1) Cependant *évêché* et *archevêché* se prononcent d'après l'analogie.

## §. 3. C *dur intérieur par* QU.

| | | |
|---|---|---|
| 1°, Aquatile, | équarri, | liquation, |
| coquâtre, | équation, | liquoreux, |
| coquart, | équestre, | liquéfié (1), |
| coquecigrue, | équilatère, | piqûre. |

2°, *Liqueur*, *liquide*, et autres mots où le son C dur est suivi d'un E ou d'un I. On a donc *il vainquit*, tandis qu'on écrit *il vaincra*.

## §. 4. C *suivi du son* S, comme dans *accès*, *axe*.

| | | |
|---|---|---|
| 1°, Accéder, | occident, | excentrique, |
| accélérer, | occiput, | excepter, |
| accenser, | occision, | excessif, |
| accent, | siccité, | exciper, |
| accepter, | succéder, | exciter, |
| accident, | succin, | |
| accise, | succinct, | exsanguin, |
| baccifère, | vaccine, | exsiccation, |
| buccinateur, | tocsin, | exsuccion, |
| | | exsuder. |
| ecce homo, | excellent, | |
| flaccidité, | excéder, | |

2°, *Axe*, *axiome*, *axonge*, etc., c.-à-d. que les sons CS s'écrivent par la lettre double X. C'est par la même lettre que se peignent toujours les sons GZ. *Exemple*, *Exemption*, *exact*, etc.

(1) *Aquatile*, *équation*, *équestre*, *équilatéral*, *liquation*, *liquéfié* se prononcent *acouatile*, *écuestre*, *écouation*, *écuilatéral*, *licouation*, *licuéfié*.

## §. 5. C *dur intérieur par* CC.

| | | |
|---|---|---|
| 1°, Baccalauréat, | occulte, | saccager, |
| bacchanale, | occuper, | succomber, |
| beccabunga, | occurrence, | succube, |
| beccard, | ——— | succulent, |
| ecclésiastique, | peccable, | succursale. |
| occasion, | saccade, | |

2°, *Accommoder*, *raccommoder*, de *commode*, et autres mots composés avec A : *acclimater*, *accorder*, *accord*, *accort*, de *courtois*, *raccourcir*, *raccroc*, etc.; mais on écrit *écorner*, qui, quoique composé de *corne*, ne l'est pas avec A. *Voy.* aussi les mots du paragraphe précédent, depuis *accéder* jusqu'à *vaccine* (1).

## D *intérieur.*

Doublez le D dans *addition*, *adducteur* et *reddition*. Hors de là écrivez-le par un seul D, *adapter*, *redresser*, etc.

## E *intérieur.*

1°, *Araignée*, *abbaye*.

2°, *Venaison*, *démangeaison*, et autres mots en *ézon* : ajoutez, bien entendu, les dérivés des mots déjà connus où se trouve *ai*, comme dans *abaisser*, *affaissement*, *balayures*, *déniaiser*, de *baisse*, *faix*, *affaisse*, *balai*, *balayer*, *niais*.

---

(1) Il faut bien se pénétrer de l'ordre constant que nous suivons. Les numéros, les paragraphes, et en général tout ce qui précède une règle, peut faire exception à cette règle; mais ce qui la suit ne peut jamais la restreindre, de sorte qu'on ne craint jamais qu'une notion ultérieure vienne modifier ou détruire une connaissance qu'on a crue acquise.

3°, CACHEXIE, INTELLECTUEL, et autres mots non exclus précédemment.

## EU *intérieur.*

*Accueillir*, *enorgueillir*, *manœuvrer*, etc., mais dans ces mots le son *eu* n'est point vraiment intérieur. Il est à découvert dans *accueil*, *orgueil*, *manœuvre.*

## F *intérieur.*

### §. 1. F *intérieur, représenté par* PH.

1°, Aphonie (1), coryphée, hermaphrodite, Morphée, ophtalmie, orphelin, prophète, sarcophage, sophisme, trophée, typhus.

alphabet, aphorisme, amphore, anthropophage, apophtegme, apophyse, blasphême, céphalique, colaphiser, colophane,

diaphane, diaphorétique, diaphragme, diphthongue, éphémère, Épiphanie, épiphore, épiphyse, euphorbe, euphraise,

2°, *Amphibie*, *emphythéose* et autres en *anfi*, excepté *enfiler*, bien entendu que les mots déjà connus où il y a *ph*, serviront à régler l'orthographe des composés ou dérivés (2). On écrira donc *philosophale*, *philosophie*, *antiphrase*, *emphase*, *emphatique*, à cause de *philosophe*, *phrase*, *phase*, etc.

---

(1) *Aphonie* et les analogues *cacophonie*, *euphonie*, *symphonie*, *antiphonaire*, etc.

(2) Tels sont *amphibologie*, *amphictyons*, *emphysème*, etc.

## §. 2. F *intérieur*, *par* FF *et par* F.

1°, *Bouffon*, *bouffi*, *buffet*, *chiffon*, *joufflu*.

2°, *Affi*-dé, *effi*-lé, *off*-ensé, *diff*-icile et autres mots en *af*, *ef*, *of* et *dif*. Il n'y a par un F qu'*afilé*, *faufiler*, *afin*, *Afrique*; bien entendu que les mots déjà connus doivent être rappelés à la mémoire : ainsi on écrira *boursoufflé*, *sifflet*, *persiffler*, *déchiffrer*, à cause de *souffle*, il *siffle*, *chiffre*.

3°, CAFÉ et autres mots non exclus : ENCHIFRÊNER, CALIFOURCHON, etc.

## G *intérieur*.

Il s'écrit toujours par G; mais il s'adjoint un U devant E et I. On écrit *onguent*, *marguillier* : sans cet U, purement euphonique, on aurait *ongent*, *margillier*. Cet U se trouve dans beaucoup de mots : *briguer*, *collègue*, *figue*. Dans les finales en *gue*, on est si accoutumé à le prendre comme tel, que l'on écrit *ciguë*, etc., avec un E tréma, afin qu'on ne lise pas *cigue*. Dans *divulguant*, etc., l'U n'était pas nécessaire pour conserver au G le son dur; on aurait eu la même prononciation en écrivant *divulgant*; mais un principe général de notre langue est de ne point altérer les bases ni les finales de nos verbes. C'est pour la même raison qu'on écrit *qu'ils vinssent*, etc., quoiqu'un seul S eût suffi. Si *divulguant* se fût écrit sans U, l'uniformité eût été violée, à moins qu'on n'eût écrit *divulger*, ce qui aurait changé la prononciation.

## H *intérieur*.

Nota. Il n'est point ici question de l'H, comme dans *enchanté* ou *anachorète*, ni comme dans *amphore*. Voy. le C. *dur par* CH, *pag.* 55, *et* F *par* PH, (58). Le TH sera traité dans le son T. Nous allons rassembler ici tous les autres H intérieurs.

| | | |
|---|---|---|
| 1°, Ahaner, | cohorte, | prohiber, |
| adhérer, | cohue, | souhaiter, |
| alcohol, | diarrhée, | trahir, |
| ahurir, | envahir, | véhément, |
| bahut, | exhiber, | véhicule. |
| cahier, | exhorter, | |
| cahot, | exhumer, | |
| cahutte, | mahométan, | |
| cohérent, | mohatra, | |

2°, *Aheurter*, *abhorrer*, *exhaler*, *exhéréder*, *exhausser*, et autres mots qui, dans la famille, ont un H. On a *heurter*, *horreur*, *haler*, *héritier*, » *haut*, *hausser*.

## I *intérieur*.

| | | |
|---|---|---|
| 1°, Amygdale, | coryphée, | étymologie, |
| cotylédon, | coryza, | empyrée, |
| corybante, | Elysée, | érysipèle. |

2°, *Balayer*, *royal*, et autres mots où l'on entend le son de deux I. Il n'y a que dans les finales des verbes où les deux I ne se changent point en *y*. *Il faut que nous pri-ions*, *il faut que nous essay-ions*. Ajoutez, bien entendu, tous les mots qui se rattachent à d'autres déjà connus pour avoir un Y : *adynamique*, *amphitryon*, *amphictyons*. On a déjà trop vu *empyème*, *emphythéose*, *empyreume*.

3°, antiphrase, et autres mots non exclus.

## IN *intérieur.*

Il est très-rare qu'il ne soit mis à découvert par l'un des quatre IN (*pag.* 34) : OLINDER, d'*olinde*, etc. Dans le cas où il resterait encore caché, je ne doute point qu'il ne soit dans la grande analogie.

## J *par* J *et par* G.

| | | |
|---|---|---|
| 1°, Adjudant, | benjoin, | goujat, |
| bajoue, | donjon, | jujube. |
| béjaune, | goujon, | |

2°, *Adjoindre*, *ajouter*, *projeter*, *projectile*, *adjuger*, *conjurer*, et autres composés de *joindre*, *jeter*, *juger*, *jurer*.

3°, PIGEON, BOURGEONNER, et autres mots non exclus.

## §. 1. L *intérieur mouillé.*

Précédé du son I, comme dans *bi*-LL-*on*, il se peint par deux L. Dans toute autre position intérieure, il s'écrit par ILL, comme dans *aillade*, *œillade*, *fenouillette*. Quoique le primitif comme *ail*, *œil*, *fenouil*, n'ait qu'un L, il en faut toujours deux, comme on voit dans L mouillé intérieur. *Sully* est mouillé, il est donc contre l'analogie, LL devait être précédé d'un I. On prononce à l'italienne *imbroglio*, M. de *Broglie*, comme s'il y avait un L mouillé.

## §. 2. L *intérieur non mouillé.*

| | | |
|---|---|---|
| 1°, Allécher, | alléguer, | aller, |
| alléger, | alléluia, | alliaire, |
| allégorie, | allemand, | allier, |

allobroge, allonger, allusion, alluvion, armillaire, axillaire, belliqueux, calleux, capillaire, cellule, collet, colline, ellébore, ellipse,

fallace, fallot, gallican, gallinacée, lamelleux, lilliputien, malléable, malléole, maxillaire, mille, ollaire, palladium, pallier, parallèle, pellicule, polluer, solliciter, syllabe, syllogisme, vallon.

2°, A. *Co-llaborateur*, *collatéral*, *colliquatif*, *collége*, *collègue*, et autres composés de la particule *com*, du latin *cum*, qui signifie *avec*. On la retrouve presque sans altération, dans *comparaître*, *paraître avec*.

B. *Illicite*, *illuminé*, de *licite*, *lumière*, et autres composés de la particule *in* : *illicite* est pour *inlicite*, *non licite*.

C. *Billion*, *milliard*, et autres mots semblables, *trillion*, etc.

Ajoutez, bien entendu, les mots où la pénultième est par deux L *ombellifère*, *installation*, de *stalle* et *ombelle*.

3°, Aligner, et autres mots non exclus : écrivez donc *aliter*, *éliminer*, *délivrer*, *olibrius*.

## M *intérieur*.

1°, A. Ammon, ammoniac, comma. B. Comédie, comestible, comète, comices. C. Homicide.

2°, B. *Co-mmenter*, *co-mmis*, *co-mmode*, *commune*, *co-mmuer*, et autres mots en *co*. Ce sont des composés de la particule *com*, du latin *cum*, *avec* : COMMETTRE, *mettre avec*. Voy. B, les quatre mots exceptés.

C. *Immortel*, autrefois *in-mortel*, *non mortel*, et autres commençant par I, comme *immense*, *immiscer*, etc. Il n'y a qu'*imiter* par un M, ces mots sont tous des composés.

Ajoutez, bien entendu, les mots qui se rattachent à des mots déjà jugés : ainsi écrivez *hommage*, *hommasse*, à cause de *homme* ; cependant voyez le monogène C. On écrit *surnommer* à cause de il *nomme*, cependant *nomination* ne prend qu'un M.

3°, A-MONCELER, et autres mots non exclus précédemment : ajoutez-y les monogènes par un M, *comédie*, etc.

## N *intérieur*.

| | | |
|---|---|---|
| 1°, Annales, | bonnet, | monnaie, |
| anneau, | cannibale, | panneau, |
| annexe, | connaître, | paonneau, |
| annoter, | honnête, | penniforme, |
| annuller, | honneur, | pinnée. |
| bannière, | » honnir, | |
| bannir, | mannequin, | |

2°, A. *Connétable*, de COM, *avec*, *avec l'étable*, et autres mots en CO. Il n'y a que *conique*, de *cône*, où CO soit suivi d'un N unique.

B. *Laronneau*, *dindonner*, et autres mots semblables dérivés des mots en ON, comme *larron*, *dindon*. Ajoutez, bien entendu, les mots déjà jugés par les sons pénultièmes : Écrivez donc *ramonnage*, *ramonneur*, *entonner*, à cause de il *ramonne*, il *entonne*. Cependant on écrit *donation*, *int-onation*. On écrit : *rognoner*.

3°, ANODIN, BANAL, DÉNOTER, MONOPOLE, HONORER, ONYX, et autres mots non exclus.

## O *intérieur.*

*Centaurée*, *mijaurée.* Hors de-là écrivez *miro-ton*, etc. Il est toujours bien entendu, que l'on écrit *empaumer*, etc. à cause de *paume.*

OI,
ON et OU, } *sans difficulté.*

## P *intérieur.*

1°, Apparat, apparier, apparaître, appartement, appas, appâter, appauvrir, appeler, apprendre, appesantir, appéter, applaudir, appliquer, appointer, apposer, apprécier, apprendre, apprêter, apprivoiser, approcher, approfondir, approprier, approvisionner, approuver, approximation, appuyer, développer, échoppe, hippopotame, opportun, opposer.

2°, Ajoutez à la liste précédente les mots déjà jugés par les pénultièmes : *frapper*, etc. à cause de *il frappe.*

3°, APAISER, APANAGE, APERCEVOIR, APETISSER, APITOYER, APLANIR, et autres mots non exclus.

QU *intérieur*, voy. le C dur, §. 1 et 2, *pages* 55 et 56.

## R *intérieur*.

| | | |
|---|---|---|
| 1°, Arroche, | errhine, | perron, |
| arroi, | garrot, | perroquet, |
| barrette, | jarret, | perruque, |
| barrique, | larron, | pourri, |
| bourrasque, | marraine, | sarrasin, |
| bourrique, | marri, | sarrau, sarrot, |
| carrosse, | marron, | terreur, |
| charrier, | marrube, | torrent, |
| charrue, | merrain, | torréfier. |
| courroie, | nourrir, | |
| courroux, | parrain, | |
| derrière, | parricide, | |

2°, *A-rranger*, *co-rrespondre*, *i-rruption*, et autres composés de A, COM, et IN. (1)
Bien entendu qu'on écrira aussi par deux RR, les mots *barrière*, *barricade*, *barreau*, *terrain*, *souterrain*, etc. à cause de *barre* et de *terre*, déjà jugés dans les sons pénultièmes.

3°, ARÈNE, ARÊTE, OREILLE, PARIER, et autres mots non exclus.

---

(1) Les plus difficiles à reconnaître sont *arracher*, *arrêter*, *arrérage*, *arriver*, *s'arroger*, *correct*, *corriger*, *corridor*, *corrosif*; *irradiation*, *irroration*, *irriter*.
On se les fera expliquer, si l'on ne veut pas les apprendre individuellement.

## §. 1. S *par* SC.

| | | |
|---|---|---|
| Adolescent, | faisceau, | réminiscence, |
| ascendant, | fasciner, | résipiscence, |
| ascite, | hétérosciens, | ressusciter, |
| concupiscence, | intumescence, | susceptible, |
| convalescent, | lascif, | viscère. |
| discerner, | obscène, | |
| disciple, | oscillation, | |
| effervescent, | piscine. | |
| efflorescent, | plébiscite, | |

Ajoutez, bien entendu, à la liste précédente les mots déjà jugés dans d'autres mots, comme *conscience*, *prescience*, *escient*, *immiscer*, *miscible*, *miscellanées*, de *science*, il *immisce*.

## §. 2. S *par* Ç.

1°, *Caleçon*, *caparaçon*, *hameçon*, *maçon*, *poinçon*, *rançon*, *soupçon*.

2°, *Forçat*, *arçon*, *suçoter*, *rinçure*, et autres mots où la dérivation amène un C: *forçat*, de *force*; *arçon* d'*arc*; *suçoter*, de *suc*, *rinçure*, de il *rince*; ce caractère n'est jamais que pour la prononciation.

## §. 3. S *par* T : *et qui n'arrive que devant* I.

| | | |
|---|---|---|
| 1°, Argutie, | primatie, | patient, |
| aristo*cratie*, | prophétie, | quotient, |
| balbutie, *v.* | ——— | ——— |
| calvitie, | initial, | captieux, |
| diplomatie, | martial, | facétieux, |
| facétie, | nuptial, | pestilentieux, |
| impéritie, | partial, partiel, | sententieux, |
| inertie, initie, *v.* | primatial, | portion, |
| minutie, | ——— | sion, (*pag.* 46.) |

2°, A. *Confidentiel*, et autres mots en *ansiel*.
B. *Dévotieux*, et autres mots dérivés des substantifs en *tion* : *factieux*, de *faction*, etc.
C. *Egyptien*, d'*Egypte*, et autres mots où la dérivation amène un T. Ajoutez, bien entendu, tous les mots déjà connus ou jugés dans d'autres, comme *assertion*.

## §. 4. S *par* X.

*Soixante* est le seul mot de la langue usuelle où le son S se peigne par X, *Bruxelles, Auxerre*, etc. n'entrant pas dans notre plan.

## §. 5. S *par* SS.

| | | |
|---|---|---|
| 1°, Assassin, | dessin, desscin, | matassin, |
| assener, | dissension, | mégissier, |
| bassin, | dissiper, | message, |
| bassinet, | —— | messie, |
| bassinoire, | essence, | plumasseau, |
| boisseau, | essayer, | posséder, |
| carnassier, | essaim, | possible, |
| cassis, | esse, | rossignol, |
| cognassier, | essieu, | sassenage, |
| coussin, | essimer, | spadassin, |
| crapoussin, | fantassin, | toussaint, |
| chassie, | fissipède, | vaisseau, |
| châssis, | huissier, | vicissitude. |
| —— | marcassin, | |
| dessiller, | massacrer, | |

2°, A. Excellent-*issime*, et autres mots de cette finale.
B. *Ambassade, poissonneux, issue*, et autres mots où S est entre deux voyelles, dont la seconde est A, O ou U.
C. *Assermenté*, de *serment*, et autres mots composés, où le son S est entre deux syllabes,

et où la dérivation met un S à découvert (1).

D. *Assister*, qui a *désister*, *résister*. Il en est ainsi d'*assertion*, qui a *désertion*, de *conserver*, qui a *réserver*, etc.

## §. 6. S *par* S.

1°, Entresol, préséance, présupposer, resacrer, } Ce sont les seuls mots où le son S placé entre deux voyelles se peigne par un seul S.

| | | |
|---|---|---|
| arsenal, | détersif, | persil, |
| arsenic, | épilepsie, | persévérer, |
| catalepsie, | insidieux, | salsifis, |
| conseil, | autopsie, | version. |

*Voyez les autres mots en* SION, *page* 46.

2°, A. *Majesté*, et autres mots où S est suivi d'une consonne : *amnistie*, *esprit*, *talisman*, etc.

B. *Corsage*, *insolent*, *insulte*, et autres mots où S est précédé d'une consonne et suivi d'un A, O ou U. Avec un C, on aurait *corcage*, *incolent*, *inculte* etc.

C. *Consister*, qui a *désister*, et autres mots où le son Z remplace le son S : tels sont *enseigner*, *conserver*, *persécuter*, *considérer insertion*, etc. qui ont *désigner*, *réserver*, *exécuter*, *désirer*, *désertion*. Ajoutez, bien entendu, les mots déjà jugés dans d'autres *pensionnaire*, *immensité*, *insinué*, *insipide*, etc. de *pension*, d'*immense*, de *sinus*, et de *saveur*.

---

(1) Tels sont *assaisonner*, *assainer*, *assembler*, *asservir*, *assiéger*, *asseoir*, (d'où *assiette*), etc. Ajoutez, bien entendu, les mots déjà jugés dans d'autres, comme *engraisser*, *grasseyer*, *grossesse*, *crasseux*, *incrassant*, *cassette*, *casserole*, *paroissial*, *chassieux*, *rousseur*, *roussir* à cause de *gras*, *gros*, *crasse*, *caisse*, etc.

## §. 7. S *par* C.

1°, On écrit *bracelet*, quoique ce mot paraisse venir de *bras*.

2°, »

3°, LILIACÉE, CAUSTICITÉ, CAPACITÉ, NOIRCIR, APPRÉCIER, SOLÉCISME, et autres mots non exclus par les six paragraphes précédents.

*Écrivez donc :*

| | | |
|---|---|---|
| Calciner, | faucille, | pinceau, |
| chanceler, | froncé, *v.* | ponceau, |
| concevoir, | gencive, | social, |
| concilier, | illicite, | sorcier, |
| décime, | incarcérer, | souriceau, |
| douceur, | inceste, | saucisson, |
| dulcifier, | intercepter, | tacite, |
| encenser, | linceuil, | vaciller, |
| esquinancie, | macis, | vicinal, |
| étincelle, | morceau, | voici. |
| exulcérer, | nécessaire, | |
| pharmacie, | pernicieux, | |

## T *intérieur.*

| | | |
|---|---|---|
| 1°, Améthyste, | cathédrale, | éthiops, |
| anathème, | cathéter, | éthnique, |
| anthologie, | cothurne, | éthopée, |
| anthropophage, | dithyrambe, | phthisie, |
| apothéose, | enthousiasme, | léthargie, |
| arithmétique, | enthymème, | léthé, |
| athée, | épithalame, | litharge, |
| athlète, | épithète, | luthérien, |
| bibliothèque, | éréthisme, | mathématique, |
| cantharide, | éther, | méthode, |
| cathéchisme, | éthique, (*f*) | mithridate |

mythologie,
orthodoxie,

---

authentique,
pathétique,

---

attacher,
atteindre,
atteler,
attérir,
atterrer,
attique,
attiser,
attrition,
betterave
bretté,
blottir,
cutter.

2°, *Attenant*, de *tenant à*, et autres mots où la particule A entre en composition, comme dans *attabler, attaquer, attendrir, attenter, attention, atténuer, attiédir, attirail, attiser, attrait, attraper, attribuer, attrister, attrouper.* Pourquoi d'après cela, écrit-on *atermoyer?* Ajoutez, bien entendu, les mots déjà jugés, comme *abattage*, de *battre.* Mais par quel caprice écrit-on *abatis?*

3°, ATELIER, ÉTIQUE, *maigre*, ATÔME, BATEAU, et autres mots non exclus?

## U, UN, V, X, Y, *et* Z *intérieurs.*

U, UN, V, n'offrent point de difficulté. X et Y ont déjà été traités avec le C et l'I. Il ne reste donc plus que Z.

### Z *intérieur.*

1°, *Deuxième, deuxièment, sixième, sixièment, sixain, sixaine*, sont les seuls mots où le son Z se peigne par X.

Alézan,
azyme *ou* azime,
azote, azur,
azygos,
bézoard,
bizarre,
colza *ou* colzat,
coryza,
dizain,
dizeau,
gazelle,
gazette,
gazon,
gazouiller,
lazaret,
lazzi, lézard,
luzerne,
mazette,
mézéréon,
mezzo-tinto.

2°, Ajoutez à la liste précédente, les mots déjà jugés virtuellement, comme *gazer*, de *gaze*; *gazomètre*, de *gaz*; *rizière*, de *riz*, etc. Au commencement le son Z ne peut être représenté que par lui-même : *Zéro*, *zédoaire*, etc.

3°, ASILE, BÊTE, ASINE, FANTAISIE, ROSÉE, RUSE, et autres mots non exclus.

## *Observations générales.*

1ère OBSERV. Ce traité de l'orthographe d'usage finirait ici, si nous le voulions et nous pourrions ne pas ajouter un mot, car il ne nous reste plus rien à examiner. Soient donnés en effet les quarante mille mots usuels, les cent mille syllabes et les trois cent mille lettres qui s'y trouvent. Il n'y a pas un de ces mots, pas une de ces syllabes, pas une de ces lettres qui ne soit frappée par une de nos règles.

Chacun des sons-voyelles a été examiné sous cinq rapports; d'abord comme *initial*, *médial* c'est-à-dire presque initial (1), *final*, *pénultième*, et enfin comme *intérieur*.

Toutes les consonnes l'ont été aussi successivement au commencement des mots avec le son *presqu'initial*, et à la fin des mots avec le son pénultième, enfin elles l'ont été sous le nom de consonnes intérieures, tout a donc été nécessairement compris dans notre traité (2).

---

(1) Dans *chal*-daïque. *pha*-lange, l'A de la première syllabe a été appellé médial. La dénomination de *presqu'initial* ou de *sub-initial* qui a le même sens, serait plus juste; car lorsque l'*a* commence le mot, comme dans *abbé*, *habit*, le son A est *initial*; il est donc presqu'initial ou *sub-initial* dans *ca-rosse*, *cha-ldaïque*; il est pénultième dans *nénuph-ar*; il est intérieur dans *hil-a-rité*.

(2) De quoi se compose un mot? — Ou le premier son

11me OBSERV. Cependant nous allons, en quelque sorte, tout recommencer ; car pour faciliter les recherches et donner de suite de grands moyens d'exercice, nous allons refondre tout notre travail, à le reproduire sous la forme d'un dictionnaire, *voy.* page suivante la nouvelle manière d'apprendre l'orthographe d'usage.

## RÉSUMÉ.

Les monogènes, c'est-à-dire les mots désignés dans chaque paragraphe par le chiffre 1° sont des mots épars qui ne suivent aucune analogie. Ils ne peuvent être appris qu'individuellement.

Mais les règles des oligogènes et des polygènes peuvent être plus ou moins abrégées par des généralités, dont la vérité repose sur des détails toujours faciles à consulter.

## OLIGOGÈNES.

On pourrait déduire de la dérivation et de la décomposition une règle d'une grande généralité, mais susceptible de bien des restrictions. On écrit

---

voyelle est INITIAL, comme dans *a-bbé*, *ha-bit*, ou SUB-INITIAL, comme dans *pha-*éton, *fra-*gile ; ainsi la première syllabe offre à l'examen le son initial, ou le son sub-initial avec la consonne ou les consonnes qui le précèdent, mais seulement l'un des deux.

Où dans le mot donné le son-voyelle est *final*, comme dans cervel-*as*, ou il est *penultième*, comme dans *cr-asse*. L'examen des consonnes qui suivent le son-voyelle, étant fait, tout le mot est connu, à moins qu'il ne reste des sons-voyelles ou des sons-consonnes intérieurs à examiner. C'est à quoi nos règles ont également pourvu. Par exemple, dans *a-*THée, PHILO-*Gose*, *i-*CHTYOPH-*age*, TH, G, et CHTYO, sont intérieurs, et sont examinés en leur lieu et place.

*sas*, *abricot*, *gourmand*, etc. *embarquer*, *accoutumer*, etc. à cause de *sasser*, d'*abricotier*, *gourmandise*, *barque*, *coutume*; et cependant on écrit *caillou*, *bijou*, *abri*, *ligne*, quoiqu'on écrive *cailloutage*, *bijoutier*, *abriter*, *aligner*. Mais voici une règle qu'on peut suivre en toute sûreté.

RÈGLE GÉNÉRALE. L mouillé, à la fin des mots masculins, s'écrit par un seul L: *péril*, *nombril*. Dans tout autre cas il s'écrit par deux L; *pillage*, il *pille*, *famille*.

Lorsqu'on entend sonner le son I, comme dans les mots précédents, L mouillé se peint tout entier par L ou LL selon le cas. Mais si devant lui l'on n'entend point sonner cette voyelle, il faut ajouter un I: *a*-IL, *bata*-ILLE, *bata*-ILLON, *fenou*-IL, *fenou*-ILL*ette*, il *fou*-ILL*e*. Il n'y a d'excepté que le mot *Sully*, où L est mouillé sans être précédé d'un I.

## POLYGÈNES.

1re RÈGLE GÉNÉRALE. Dans les polygènes, les treize sons A, AN, etc. abstraction faite des accompagnements, s'écrivent comme ils se prononcent. Écrivez donc: *a-spiré*, *bâ-ton*, *doctor*-AT, *ét-able*, *an-timoine*, BRAN-*don*, *vol*-ANT, *élég*-ANT*e*, etc.

Il n'y a d'excepté que le son O final qui s'écrit par EAU: un *agneau*.

Nous avons dit *abstraction faite des accompagnements*. Par exemple dans *doctorat*, A est suivi d'un T nul, mais cela n'empêche point que d'abord il ne s'écrive par A. Un examen subséquent apprend qu'il faut ajouter un T; raisonnez ainsi sur *élégance*, *poulie*, où *an* est suivi de *ce*, et *i* d'un *e* muet. *Voyez* la règle suivante:

2°, RÈGLE GÉNÉRALE. Les sons-consonnes, abstraction faite des accompagnements, s'écrivent comme ils se prononcent, c'est-à-dire que B s'écrit par B, CH par CH, D par D, F par F, GN par GN, etc.

Il n'y a que quatre consonnes qui offrent des difficultés :

1°, Le C dur; il s'écrit par QU devant E et I: *quelque, quiconque;* par X, quand il est suivi du son S, comme dans *axe;* hors delà, il s'écrit par C: *cocotier.*

2°, G dur; il s'écrit par GU, X et G. C'est la même analogie que celle du C dur. Ecrivez donc *vague, gui, guimauve, exil, vagabonder, à gogo*, etc.

3°, J; il s'écrit par G: *veuvage, agiotage, bourgeon.*

Mais au commencement des mots, il s'écrit par J, devant A, O et U, excepté dans *geôle.*

4°, S; il s'écrit par C dans les sons intérieurs, *médecine;* dans le son pénultième ICE, *propice;* et après les voyelles nasales AN, IN et ON : *balance, mince* et *noncé.*

Hors delà il s'écrit par SS ou par S, selon qu'il est ou qu'il n'est point entre deux voyelles : écrivez donc *crasse, adresse, brosse, aumusse, tarse, averse.*

NOTA. Bien entendu qu'il n'est question ici que des sons polygènes.

Nous avons dit *abstraction faite des accompagnements.* Ainsi quoique nous ayons enseigné que le son C dur s'écrit par QU, devant E et I, cela n'empêche point que dans le pénultième, il ne soit suivi d'un E muet, comme dans *bicoque.*

## SECONDE MANIÈRE D'APPRENDRE L'ORTHOGRAPHE D'USAGE.

Nous avons treize sons-voyelles, *voy. la pag.* 2; l'E muet n'a pas été compris dans ce nombre, car à la fin des mots il est montré avec les sons pénultièmes. Il n'est jamais initial, et lorsqu'il est intérieur, il s'écrit comme il se prononce. Il y a donc au moins trois E. Dans le traité suivant, qui est un dictionnaire didactique, ils sont réunis en une seule section. Les sons-voyelles s'y trouvent donc réduits à douze.

Voici tout l'art de ce dictionnaire :

Il est divisé en douze sections, et chaque section en deux paragraphes selon que le son-voyelle est initial ou sub-initial; et c'est toujours le premier son-voyelle de chaque mot qui en règle la recherche. Ainsi *aspic*, *hanap*, se cherchent dans l'A initial; *ca-dran*, *pha-rynx*, *fe-mme*, dans l'A sub-initial.

Il en est de même pour la 2e section, etc. On cherche *antimoine*, *enthymème*, *emphysème*, *hampe*, *henriade*, dans le son AN initial, et *lentille*, *plancher*, dans le son AN sub-initial.

Ce dictionnaire renferme tous les monogènes; et de plus un certain nombre de mots notés 2 et 3, qui servent à rappeler plusieurs fois toutes les règles des oligogènes et des polygènes.

On verra aussi comment nous avons rassemblé les analogies, en commençant toujours par la moins nombreuse.

## ABRÉVIATIONS.

M. *signifie* MASCULIN. F. — FÉMININ. V. — VERBE.

Le chiffre 2 *placé à la suite d'un mot signifie* OLIGOGÈNE.

——— 3. . . . . . . . . . . . . . . . . . . POLYGÈNE.

# DICTIONNAIRE
# ORTHOGRAPHIQUE,

## OU

## SECONDE MANIÈRE D'APPRENDRE L'ORTHOGRAPHE D'USAGE.

## Ire SECTION : A.

» HA*chis*.

§. I.

A INITIAL.

*Il s'écrit*

1°, *par* HE,
2°, *par* HA,
3°, *par* A.

---

1°, *par* HE.

» Hennir, *pron.* » *ha-nir.*

2°, *par* HA.

» Ha! » Haha.
habit, habile.
habiter.
habituer.
» hâbler.
» haquenée.
haquet.
» hache.
» hachis.

HA*nouards*.

» hachette.
» hahé.
» hagard.
hagiologique.
» haïr.
» halbran.
» halbréner.
» hâle, haleine.
» halener.
» haler.
» haillon.
» halle.
» hallebarde.
hallebreda.
hallier.
» halo, halot.
» halotechnie.
» halurgie.
haloir, hamac.
hamadryade.
» hameçon.
» hameau.
hanap.
» hanneton.
hanouards.

» HA*staire*.

» happer.
» happelourde.
« hart (*la*).
» haras.
» harasser.
» hareng.
» haranguer.
» harde.
» hardes.
» hardi.
» hargneux.
» haricot.
» haridelle.
harmonie.
» harnais.
» haro.
» harpailler.
» harpe.
» harpeau.
» harpie.
» harpin.
» harpon.
» harceler.
hast.
» hastaire.

*

| AChromatique. | AChoppement. | AGripper. |
|---|---|---|

» hâter, » have.
» havre.
» hasard, » hase.

3°, *par* A.

a, (*il a*).
à, ah! ahan.
ahaner.
abracadabra.
abatage, abatis.
abat-jour.
abat-vent.
abbé, abbaye.
abdalas (*des*).
abdomen, abée.
abeille, 2.
ab irato.
abject, able, 3.
ablette, *m.*
ab hoc et ab hac.
abhorrer.
ab ovo.
abraxas.
abréger, 2, abri.
abricot, 2.
abrupto (*ex*).
abcès.
absent, 2.
absinthe.
abstergent.
abstinent, 2.
abstrait, 2.

AC *pron.* AK.

achéron.
achromatique.

---

aquéduc.
aquatile, *pron.* *akouatile.*
acquérir.
acquiescer.
acquitter.

---

acabit, acajou.
acacia.
acanthe.
accueil, *pron.* *akeu-ill.*
accomplir.
accointer.
accorder, 2.
accoutrer.
acoquiner.
acolyte.
aconit.
accroc.
accent, accenser.
accéder.
accélérer.
accepter.
accessit.
accident.
action.
actionnaire, 2.
accise.

---

axe, 2.
axiome, 2.
axillaire.
axonge, 2.

ACH.

achoppement.

---

AD.

adagio, adatis.
adéquat.
adhérent.
adjacent.
adjoindre, 2.
adjudant.
adjuger, 2.
adolescent.
ad honores.
ad patres.
adresser, 3.
adroit, 2.

AF.

Aphonie.
aphorisme.
aphte.

---

affaisser.
affettuoso.
affidé, 2, affluent.
affre, affreux.
africain, 2.

AG.

Aga, agaric.
agacer.
agglutiner.
aggraver.
agrès, agréger.
agression.
agripper.

| AL*locution*. | AN*asarque*. | AP*pentis*. |
|---|---|---|

AGN.

agneau, 2.
agnus, 2.
agnus castus.

AJ.

Agent, agenda.
ajouter, 2.

AÏ.

Aïe, ahi, aïeul.

AL.

Alambic.
albugo, album.
alcantara.
alcohol.
alcoran, 2.
alègre.
alaise, *ou* alèze.
alezan, alpha.
alphabet.
alguasil.
alibi, aligner, 3.
aliquote.
aliter, 3, alize.
aller, allécher.
alléger, alléguer.
allégorie.
allemand.
alléluia.
allaiter, alleu.
alliaire, allier.
ailleurs.
allobroge.
allocution.
allonger.
allouer, allumer.
allusion.
alluvion.
almanach, aloès.
aloyau, alors.
alcyon, altercas.
althæa.

A-M.

Amas.
Amalgame.
amarrer.
amazone.
amande, 3.
amende.
amen, amer.
améthyste.
amict.
amygdale.
amirauté.
amitié, amman.
ammi.
ammoniac.
amonceler, 3.
amorce.
amulette, *m*.

A-N.

Ana.
Anachorète.
anachronisme.
anagramme, 2.
analyse, ananas.
anathème.
anasarque, 3.
anémone.
annales, annate.
annexer.
annihiler.
anneau.
annoncer.
annoter.
annuller.
anonyme.
apens (*guet à*).

AP.

Apanage, 3.
apathie.
apaiser.
aplomb.
apocalypse.
apoco.
apollon.
apophyse.
apophtègme.
apogryphe.
apogée, *m*.
apothéose.
apothicaire.
apozème.
appas, appât.
apparat.
apparent.
apparenter.
apparier.
apparaître.
appartement.
appartenir.
appâter.
appentis.

*ARaignée.*

appeler.
appétit.
appesantir.
appétence.
appliquer.
applaudir.
appointer.
apport.
appauvrir.
apposer.
apprendre.
appréhension
apprécier.
apprêter.
apprivoiser.
approcher.
approfondir.
approprier.
approvisionner.
approuver.
approximation.
appuyer.
après.

AR.

Art, ars, arack.
arbalète.
arbrisseau.
arc, arc-en-ciel.
arc-doubleau.
archange.
archétype.
archiépiscopal.
archonte.
ardent, 2.
araignée.

*ASphyxie.*

arec, arène, 3.
aréonaute.
arête, (*une*) 3.
argonaute.
argutie.
argent, 2.
aristocratie.
arithmétique.
armet, 3.
armillaire.
arpent, 2.
arracher.
arrenter.
arrher, arrêter.
arrête-bœuf.
arrière.
arrière-neveu.
arriver, arroche.
arroger.
arroi, 2, arceau.
arsenal, arsenic.
artichaut.
artisan.
arthritique.

AS.

Acescent.
acétique.
acens.
acier, acide.

---

as, ascétique.
ascendant.
ascension.
ascite.
asphyxie.

*AHurir.*

asphodèle.
aspect, aspergès.
aspersoir, aspic.
assa-fétida.
assassin, assez.
assener, assainir.
assertion.
assiettée, 3.
assidu.
assister, 3, assise.
assaut, asthme.
astragale, *m.*
astringent.
astuce.

AT. *etc.*

Athée, athlète.

---

atermoyer.
atlas.
atmosphère
atout, âtre, 3.
atrophie.
atropos, atroce.
attacher.
atteler.
atterrer.
atterrir.
attique, attifet.
attitude, attisèr.
attirail, 2.
atteint.
atteindre.
attraper.
attrition.

---

ahurir.

avare, 3, avec.
avant.
avant-bec.
avent.
aveine *ou*
avoine, avis, 2.
aveindre.
avocat.

---

azérole.
azime *ou*
azyme.
azygos.
azote, azur.

§. 2.

A SUB-INITIAL.

*Il s'écrit*

1, *par* E,
2°, *par* AO,
3°, *par* A.

---

1°, *par* E.

Femme.
nenni.

2°, *par* AO.

Faonne.
paonneau.

3°, *par* A.

BA.

Bas, 2, bât, 3.
babel.
babeurrre.
babillard.
babord.
bac, baquet, 3.
baccalauréat.
bacchanale.
bacchante.
baccifère, bacha.
badigeon, 3.
bagarre.
baguenaudier.
bajoue, bal, *m.*
balançoire, 3, *f.*
balbutier.
balai, 2, baleine.
balle, *f.* baller.
ballot, ballon.
ballotter.
balauste.
banne.
bannière.
bannir.
bard, 2, baratte.
baril, barillet.
baroco, barrer.
barrette.
barrique.
barrière.
bassin, bassinet.
bassiner.
baptême.
baptistaire.
baptistère, *m.*
batifoler.
batte, battre.
bahut, basilic.
blasphème.
brachial, brama.
bracelet.

CA.

Chalcographe.
Chaldaïque.
chaos, chalibé.
chlamyde.

---

kabak.

---

quadrat.
quadrature (*des horlogers*).
quadrille.
qualité.
quarante.
quartaut.
quarteron.
quartz.
quartier.
quatorze.
quatrain.
quatre.
quatriennal.
quasi, *pr. kasi.*
quasimodo.

---

cas, 2, cabas.
cabus, caca.
cacao, cachexie.
cachéctique.
cacochyme.
cachalot.
cachot.
cachotterie.

| CA*pelan*. | CHA*rrue*. | FA*sce*. |
|---|---|---|
| cadence. | capillaire. | chasselas. |
| cadetter. | capitaine. | chassie, châssis. |
| cadis (*du*). | capitoul. | châtaigne. |
| cadi (*un*), 3. | captieux. | châtelain. |
| cadeau, 3. | capuce, *m*. | châtain, chatte. |
| cadogan, 2. | car, carcan. | DA |
| cadre, cadran. | carafe, 3. | |
| caduc. | caravanserail. | Dactyle, dada. |
| caducée, café, 3. | carquois. | dadais. |
| cahier. | Carybde. | dame-jeanne. |
| cahin-caha. | carnassier. | damner. |
| cajoler. | carolus. | dariole, 3. |
| calatrava, cal, 2. | carotte, carrer. | date, 3. |
| calembourg. | carrosse, cassis. | datte (*fruit*). |
| calembredaine. | cassine, castor. | David, drap. |
| calendes. | catalepsie. | drachme. |
| calender. | catarrhe. | FA |
| calcul. | catéchumène. | |
| calife, calleux. | cathédrale. | PHAÉTON. |
| calliope, calmar. | cathéter. | phagédénique. |
| caillou, calotte. | catholique. | phalange. |
| calciner, calus. | cahutte, crac. | phare, pharaon. |
| calvaire, 2. | crapoussin. | pharisien. |
| calville. | czar, czarine. | pharynx. |
| calvitie, | CHA. | pharmacie. |
| camail, 2. | | phase, phrase. |
| camée, *m*. | Chas, chaconne. | |
| camelot. | challer. | fa, fabago. |
| camus, 2, canne. | chamarrer. | fabliau, faquin, 3. |
| canevas. | chat-pard. | faquir, factum. |
| cannelas. | chapelaine. | factotum. |
| cannibale, *m*. | charençon. | fadaise. |
| canot, cahos. | char. | faguenas. |
| cabot, cap. | charrettée, 2. | faïence, falbala. |
| caparaçon. | charriot. | fallace, falot. |
| capelan, 2. | charrue. | face, fasce. |

| GRA*nit.* | LA*zzi.* | MA*rguillier.* |
|---|---|---|

fard, farce.
facétie, fasciner.
fat, fatum.
fatras.
flaccidité.
flamme.
flageller.
flageolet.
flatter,
flagrant.
frapppart.
frapper, frater.

GA.

Gaffe, gagui.
gaïac, gala.
galant.
galbanum,
galle, gale, 3.
galetas.
galimatias.
galipot, gallican.
gallium, galop.
garant, garenne.
garrotter.
gavotte, gaz.
gaze, gazelle.
gazette.
gazetier, gazon.
gazouiller.
glace, glacière.
graphique.
graphomètre.
gramen,
grammaire.
granit.

grappe, *f.*
grappin, grace.
grasseyer.
gratiole.
gratis, gratter.
gravois.

JA.

Jacques.
jacquemart.
jadis, jalap.
jaloux, jamais.
janissaire.
japper, jars.
jarre, jarret.
jatte, javart.
javelot.

LA.

Là, lacs, las, 2.
labyrinthe.
lac, laque, 3.
laquais.
lacrymal, lady.
lama.
lamenter.
laper, 3.
lapereau, 3.
lapis, laps.
largo, laryx.
larigot, larynx.
larron, lascif.
lacer, lacis.
lasser, 3, latte.
lazaret.
lazzi.

MA.

Macquer.
machabées.
maki.
maxillaire.
maximum.
madone, mafflé.
magister.
magistère, 3.
majesté, major.
magnificence.
malle, *f.*
mal, 2.
malefaim.
malléable.
malléole.
malheur.
maleheure.
malt (*du*).
maman.
mamelle, 2.
mammaire.
manant.
manœuvre.
manioc, manne.
mannequin.
mahométan.
mappe.
marabout.
marc, mare, 3.
marcassin.
marcotter.
marais.
maréchaussée.
marguillier, 2.

| PA*lais*. | PA*tient*. | RA*sibus*. |
|---|---|---|
| margouillis. | palladium. | passion. |
| marjolaine. | pallier. | patard, pater. |
| marmotter. | pallium, palot. | pataraffe. |
| marotte. | palonnier. | patauger. |
| marraine. | panaris, panais. | patois. |
| marri, marron. | panégyrique. | patres (*ad*). |
| marronnier. | panne. | patriarcat, 3. |
| marrube. | panneton. | patronne. |
| mars, martial. | panneau. | patte, pâte, 3. |
| martyr. | paonneau. | — |
| martyre. | papa. | pathétique. |
| marum. | papauté. | pathos. |
| macis, maçon. | par, part. | — |
| massepain. | paradis, | pavot. |
| massicot. | parafe. | plagiaire, 2. |
| mastic, matador. | paraphernaux. | planète, place. |
| matassins. | paralysie. | placenta. |
| matériaux. | parallèle. | placet, platras. |
| mathématique. | parapluie. | **RA.** |
| matras. | parasol. | Rabbin. |
| matrone. | paravent, 2. | rabais. |
| mazette, *f*. | parc. | racoler. |
| **NA.** | parenchyme. | racornir. |
| | parentèle. | rachitis. |
| Nadir, naphte. | parenthèse. | radoub. |
| naffe (*eau de*). | parfois, parfum. | raffoler. |
| nanan, nanna. | parisis. | Raphaël. |
| nappe, nard. | parpaing. | ragoût. |
| narquois. | paroi, *f*. | ramentevoir. |
| narrer. | parricide. | rapace. |
| narcisse, natte. | parrain. | race. |
| **PA.** | partial, partiel. | ratafia. |
| | partibus (*in*). | rapt. |
| Pâque, pâques. | partisan, 2. | ravauder. |
| paquebot. | partout. | rasibus. |
| pacha, palais. | parvis, patient. | |

SA*tellite*.

SA.

Ça, sabbat.

sabéen.
sabrenas,
saç.
saccade.
saccager.
saphir.
sagittaire.
sagum.
sale.
salamalec.
salep.
salle.
salon, 3.
salmis.
salmigondis.
salsifis.
salut.
sanhédrin.
sapience.
sarcophage.
sarrasin.
sarrot *ou* sarrau.
sassafras.
sacerdoce.
sassenage.
satellite.

TAL*us*.

satyre, *m*.
satire, *f*., 3.
scammoncée.
scarabée, *m*.
squammeux.
spadassin.
spahi.
sparadrap.
spalt, spath.
stagnant.
stalle.
stathouder.
statut, *m*.

TA.

Thalictron.
tas, tabac.
tabellion.
tabis.
tac.
tact.
taffetas.
tafia.
talc *ou* talque.
talent, 2.
talisman.
taller.
talmud.
talus.

VA*sistas*.

tanaisie.
tanner.
tapinois.
tapabor.
tarauder.
tarentule.
tarse, 3.
tacet.
tacite.
tâtons (*à*).
traban.
traquenare.
trafic.
trahir.
trapèze.
trappe.
travers.
trace.

VA.

Vaccine.
vade-mecum.
val, 2, vallon.
vaillant.
vanner.
varech.
vaciller.
vase, 3.
vasistas.

## IIe SECTION : AN.

| EM*barras.* | EM*prunter.* | EN*gin.* |
|---|---|---|
| §. Ier. | emberlucoquer, | 5°, *par* EN. |
| AN INITIAL. | emblaver, 2, | Enchymose. |
| *Il s'écrit* | emblée (*d'*). | |
| | emblême. | |
| 1°. *par* HEN, | embaucher, | enkiridion. |
| 2°. *par* HAM, | embaumer, 2. | |
| 3°. *par* HAN, | embonpoint. | en, encan. |
| 4°. *par* EM, | embrasser, 2. | enclin. |
| 5°. *par* EN, | embrever, 2. | enclaver. |
| 6°. *par* AM, | embryon. | encyclopédie. |
| 7°. *par* AN. | emmitoufler. | enclume. |
| | emmaillotter, 2. | encombre. |
| | emmieller, 2. | encore. |
| 1°. *par* HEN. | emphythéose. | encontre, 2. |
| » Henri (*le bon*). | emphysème. | encaustique. |
| » Henriade (*la*). | emparer. | encre. |
| | empan. | enchifrener. |
| 2°. *par* HAM. | empêcher. | endémique. |
| » Hampe. | empeigne. | endetter, 2. |
| 3°. *par* HAN. | empenner. | endêver. |
| » Han. | empereur. | endive. |
| » hanche. | empêtrer. | enduire, 2. |
| hangar *ou* angar. | empyème. | enfant. |
| » hanse. | empirer, 2. | enfer. |
| » hanscrit. | empyrée. | enfler, 2. |
| » hansière. | emplâtre. | enfoncer. |
| » hanter. | emplette. | enfreindre, 2. |
| 4°. *par* EM. | emplir. | engouer. |
| | empois. | engrais. |
| Embarquer, 2. | empreindre. | engendrer. |
| embargo. | emprunter. | engeance. |
| embarras. | | engin. |

| EN*vers.* | AN*tipathie.* | GEN*dre.* |
|---|---|---|
| engri. | envers. | §. 2. |
| enjôler. | envi (*à l'*). | AN SUB-INITIAL. |
| engrener. | envie, *f.* | *Il s'écrit* |
| enluminer, 2. | environ. | 1°, *par* AON, |
| enharmonique. | 6°, *par* AM. | 2°, *par* EM, |
| enivrer. | Ambassade, 3. | 3°, *par* EN; |
| ennoblir, 2. | ambesas. | 4°, *par* AM, |
| enorgueillir. | ambulant. | 5°, *par* AN. |
| ennuyer. | amphibie. | 1°, *par* AON. |
| enrouer. | amphictyon. | Faon. |
| encens. | amphitryon. | Laon, (*ville*). |
| enseigner. | amphithéâtre. | paon, (*oiseau*). |
| ensevelir, 2. | amphore. | 2°, *par* EM. |
| encens. | 7°, *par* AN. | Membre. |
| ensemble. | Anthelmintique. | rempart. |
| ensiforme. | anthologie. | remployer, 2. |
| enthymène. | anthrax. | sembler. |
| enthousiasme. | anthropophage. | sempiternel. |
| entamer. | an. | temps, tempe. |
| entéléchie. | anchois. | tempérer. |
| enter. | androgyne. | tempête. |
| entériner. | angar *ou* | temple. |
| enticher. | hangar. | trembler. |
| entier. | angoisse, 3. | tremper. |
| entité. | anse, 3. | 3°, *par* EN. |
| entre. | antenne. | Dent. |
| entrailles. | antiquaille. | denrée, dense. |
| entraves. | antienne. | fendre. |
| entrer. | antiphonier. | gendarme. |
| entrechat. | antipathie. | gent, gendre. |
| entresol. | | |
| envahir. | | |
| enveloppe. | | |

**CEN*taine*.**

genre.
gentiane.
gencive.
gentil.

lendore.
lent, 2.

lentes (*des*).
lentille.
lentisque.
mendier.
mense.
mention.
mensuel.

menthe.

mental.
mentir.
menton.

pencher.
pendre.
penser.
pension.
pentecôte.
prendre.

rendre.
renfort.
rente.
renvoyer.

S *par* C.

Cens, cense.
censé, cendre.
centaine.

**CHAM*brelan*.**

centaure.
centaurée.
centon.
centumvir.
centre.

S *par* S.

Sens, sensé.
sensorium.
sentène.
sentence.
sentier.
sentine.
sentinelle, *f.*

tendre (*il est*).
tendre, *v.*
tension.
tenter.

vent.
ventail, 3.
vendange.
vendéen.
vendre.
vendredi.
venger.
ventre.

4°, *par* AM.

Camp.
cambouis.
camphre.
champ.
chambellan.
chambrelan, 2.

**GAN*se*.**

champart.
dam.
pamphlet.
pampre, 3.
ramper, 3.
vampire, 3.

5°, *par* AN.

Ban, banc.
bandit.
blanc.
blanchiment.
brancard.
brandon, 3.

kan.

quand, quant.
quanquan.
quantité.

cancer, cancre.
cantharide.
cantique, 3.

chant.
chancellerie.
chancelier.

DAN, *etc.*

Dans, danger.
danser.
fanfan.
fantassin.
flan.
flanc, franc.
gant, ganse.

| PLAN*cher.* | TAN. | VAN*tail.* |
|---|---|---|
| jante, 3. | planchéier. | tandis. |
| languever. | panthéon. | tangente. |
| lance, 3. | rang. | tantôt. |
| manger (*le*). | rançonner. | tranquille. |
| mangeoire, *f.* 3. | sans, sang. | transe. |
| pan (*d'habit*). | sangsue. | transcendant. |
| panse (*la*). | sanglant. | transi. |
| panser. | scandale. | transit. |
| plan, 2, plant. | tant, tan, 2. | vantail, 3. |
| plancher. | | |

## IIIe SECTION : E.

| OE*sophage.* | HE*lléniste.* | » HE*rniaire.* |
|---|---|---|
| § 1. | 2°, *par* HEI. | hélose. |
| É ou È INITIAL. | Heiduque. | helvétique. |
| *Il s'écrit* | 3°. *par* HE. | hem! hématite. |
| 1°, *par* OE, | Hé! | hémine. |
| 2°, *par* HEI, | hebdomadaire. | hémisphère. |
| 3°, *par* HE, | héberger. | hémoptysie. |
| 4°, *par* HAI, | hébreu. | hémorragie. |
| 5°, *par* AI, | hécatombe. | hépar. |
| 6°, *par* E. | hectare. | heptacorde. |
| | hectolitre. | » hère, herbe. |
| 1°, *par* OE. | hexagone | Hercule. |
| OEcuménique. | hégire. | hérésie. |
| OEdème. | hélas, héler. | » hérisser. |
| OEdipe. | hélicon. | hériter. |
| OEsophage. | hélianthème. | hermaphrodite |
| | héliotrope. | hermétique. |
| | helléniste. | hermine. |
| | | » hernie. |
| | | » herniaire, 2. |

| ET. | EX*pansion.* | EX*act.* |
|---|---|---|
| » héraut. | écho. | expédient. |
| » héros. | | expérience. |
| » héron. | équarri. | expérimenter. |
| » herse. | équerre. | exprès. |
| hétérogène. | équipollent. | ex-professo. |
| hétérosciens. | équivalent. | extension. |
| » hêtre. | équation. | extrinsèque, 3. |
| hésiter. | équestre. | ex-voto. |
| | équilatère. | échapper. |
| 4°, *par* HAI. | écart, écueil. | échec, échecs. |
| » Haie. | ecchymose. | échoppe. |
| » haine. | ecclésiastique. | |
| » haire. | éclair, éclisse. | ÉD, *etc.* |
| | écloppé. | Éden. |
| 5°, *par* AI. | éconduire. | édit, 2. |
| Ais, aider. | écorce, écot. | |
| aigayer. | écran. | EF. |
| aiguière. | écrevisse. | Ephèbe. |
| aigle. | écrire. | éphémère. |
| aigre. | écrivain. | éphores. |
| aigrette, aigu. | ecce homo. | |
| aiguillade. | | éfaufiler. |
| aiguillette. | CS *par* X. | effacer. |
| aiguiser, aile. | Excès, excéder. | effet. |
| aimanter. | excellent. | effervescence. |
| aimer. | excentrique. | efficace. |
| aine, aîné, air. | excessif. | effiler, *v.*, 2. |
| aire, airain. | excepter. | efflorescence. |
| aisselle, aise. | exciper. | effort. |
| aisé. | exciter. | |
| | | ÉG. |
| 6°, *par* E. | exsanguin. | Égout. |
| Eh! | exsiccation. | |
| ès, *maître ès arts.* | exsuccion. | GZ *par* X. |
| et, *lui et moi.* | exsuder. | ex-abrupto. |
| | expansion. | exact. |

| EÑ*nemi.* | ES*cient.* | ÉV*entail.* |
|---|---|---|
| exhaler. | éolipyle. | essayer. |
| examen. | | essaim. |
| exarchat. | épars. | essence, esse. |
| exempt. | épais. | essieu. |
| exemple. | épellation. | essimer. |
| exercer. | épeler, 3. | essor. |
| exhéréder. | épiphanie. | essourisser. |
| exhiber. | épiphyse. | est (*à l'*), estoc. |
| exigeant, 3. | épiphore. | estomac. |
| exigence, exil. | épilepsie. | extramaçon. |
| existence. | épinard. | éther. |
| exhorter. | épicer. | éthique. |
| exaucer. | épitaphe. | éthnique. |
| exhausser. | épithalame. | éthopée, étang. |
| exhumer. | épithète. | étendard. |
| exulcérer, 3. | épizootie. | étançon. |
| | épaule. | éteuf. |
| EJ. | épeautre. | étymologie. |
| Égyptien. | époux. | étisie, étain. |
| éjection. | épreindre. | étinceler, 3. |
| | éréthisme. | étincelle, 2. |
| ÉL, *etc.* | ergo, ergot, 2. | étoffe. |
| Élan, élancer, 3. | érysipèle. | étouffer, étau. |
| élégant. | errata, errer. | et cétéra. |
| éléphant. | errhine. | étrenne. |
| élixir. | ers. | éventail. |
| élysée. | escargot. | |
| ellébore. | escalier, escient. | §. 2. |
| ellipse. | escroc. | É ou Ê SUB-INITIAL. |
| | escogriffe. | |
| EM. | escompte. | *Il s'écrit* |
| Émeraude. | esquinancie. | 1°, *par* EY, |
| émietter. | espagnol. | 2°, *par* EI, |
| émir. | espace, espèce. | 3°, *par* AI, |
| ennemi. | espoir. | 4°, *par* E. |
| | escient. | |

| BRAI*se*. | FRAI*sil*. | NAI*tre*. |
|---|---|---|
| 1°, *par* EY. | CAI. | GAI. |
| Bey, dey. | Quai. | Gai, gaîne. |
| | quaiche. | glaire. |
| 2°, *par* EI. | | glaive. |
| Beige. | caisse, caissier. | glaise. |
| beignet. | claie. | graine. |
| beiram. | clayon. | graisse. |
| neige. | clair, craie. | JAI. |
| peigne. | crayon. | Jais. |
| peine. | CHAI, *etc*. | geai. |
| pleige. | Chaîne. | LAI, *etc*. |
| reine. | chair, chaire. | Lai, laid. |
| seigle. | chaise. | laie, lait, laite. |
| seigneur. | | laîche. |
| seime. | dais, daine. | layette. |
| seine. | daigner. | laine. |
| seize. | FAI. | laisser. |
| teigne. | Faix, fait, 2. | laiton. |
| treize. | faible *ou* foible. | laitue. |
| veine. | faîne. | laize. |
| 3°, *par* AI. | fainéant *ou* | MAI. |
| Bai, baie. | fénéant. | Mai. |
| baigner. | faire. | mais. |
| baisser. | faisceau. | maidan. |
| baiser. | faîte. | maigre. |
| baisotter. | faisan. | maire. |
| blaireau. | flairer. | maître. |
| brai. | frai (*du poisson*). | maison. |
| braie. | frais, frairie, *ou* | NAI. |
| brayer. | frérie. | Naître. |
| braire. | fraise. | |
| braise. | fraisil. | |

| TRAI*t.* | BE*sace.* | CHE*f.* |
|---|---|---|
| PAI. | traite. | besaiguë. |
| Paix, paye. | traiter. | bézoard. |
| pays. | traître. | brebis. |
| paysan. | VAI. | bredi-breda. |
| pair. | Vair. | bref. |
| paisson. | vairon. | brelan. |
| paître. | vaisseau. | bréviaire. |
| plaie, plaid. | vrai. | C. |
| plaider. | 4°, *par* E. | Chrême. |
| plaire. | B. | chrétien. |
| plaisir. | Bec. | kermès. |
| prairie. | bécarre. | que, quel. |
| RAI. | beccard. | quelle. |
| Raie, *f.*, rais, *m.* | beccabunga. | quelque, 3. |
| raifort. | becfigue. | quelquefois. |
| rayon. | bequeter, 3. | quenotte. |
| rainette *ou* reinette. | bedaine. | quenouille, 3. |
| rainure. | beffroi. | quéraïba. |
| raiponce. | bégayer. | querelle, 3. |
| raire. | béjaune. | quérir, 3. |
| raisin. | belliqueux. | question, 3. |
| raison. | belligérant. | quêter, 3. |
| SAI, *etc.* | bellotte. | clef, clerc. |
| Saie. | belvéder. | clepsydre. |
| saigner. | bémol. | créance. |
| saisir. | bénéficence. | crédence. |
| saison. | béryl. | crédo. |
| TAI. | bercail, 3. | crète. |
| Taie, taire. | berlingot. | CH, *etc.* |
| traîner. | bercer. | Chez. |
| traire, trait. | bestiaux. | chênaie, 2. |
| | bête, bette, 2. | chef. |
| | betterave. | |
| | besace. | |

| DÉ*mocratie.* | FE*r.* | LE*opard.* |
| --- | --- | --- |
| chenapan. | dénaire. | féroce. |
| chenevis. | dehors. | fesse-mathieu. |
| chenevotte. | dépens. | fête. |
| chenil, cher. | dépôt. | fléau. |
| chervis. | dépônent. | flexion. |
| chevaucher. | de rechef. | fredaine. |
| ——— | depuis. | |
| shérif. | derrière. | G *dur.* |
| | dervis. | Gué, 3; guet, 3. |
| DE, *etc.* | décès. | guerre. |
| De, dès, dé, 3. | décent. | guères, *ou* |
| débet. | décembre. | guère. |
| débiffer. | décemvir. | guetter. |
| débauche. | décime. | guet-apens. |
| décollation. | descendre. | gré. |
| décorum. | desseller, 2. | grès, grec. |
| déchaux. | dessein. | greffe (*le et la*). |
| dédale, *m.* | dessin. | grégeois. |
| dedans. | dessus, dessous. | grêle (*la*). |
| dédicace. | détentum. | grêle (*il est*). |
| défendre. | détersif. | |
| défense. | désarroi. | G *doux.* |
| défet. | désespoir. | |
| défaut. | désertion. | Gélinotte. |
| défunt. | désinence. | gemme. |
| déférent. | désir. | génie, *m.* |
| déficit. | désormais. | génisse. |
| déjà. | | géum, gercer. |
| déjeuner. | FE, *etc.* | jejunum. |
| delà. | | jérémiade. |
| délayer. | Phébé, phébus. | jeter, jeton. |
| délit. | phénix. | |
| délitescence. | phénomène. | L, *etc.* |
| demeure, *f.* | phlébotomie. | |
| demain. | ——— | Léans. |
| démocratie. | fémur, ferrer. | legs. |
| | fer. | légende. |
| | | léopard. |

MEzzo-*tinto*.

lessive.
lest, leste, 3.
lettre.
léthargie.
levain.
levraut.
lézard.

---

mets.
méchef.
médium.
méchant.
mégissier.
mélèze.
mélilot.
mélisse.
memento.
menacer.
menotte.
merlan, 2.
merrain.
mercénaire.
merci, *f.*
message, 3.
messe.
messie, *m.*
messire.
métairie.
métis.
mettre.
méthode.
métallique.
métamorphose.
métempsycose.
mésentère.
mezzo-tinto.

PE*rplex*.

mézéréon.

NE.

Nez.
nécromancie.
nectar.*
nef.
négligeant, 3.
négligent.
négoce.
négromant.
nénuphar.
néophyte.
néphrétique.
nerf.
nécessaire.
nettoyer.

PE.

Pec.
peccata.
pédant.
pelisse.
pellicule.
pélican, 2.
pénitentiaux.
penniforme.
pensum.
pentathle.
pentamètre.
pentateuque.
percussion.
perdrix.
périgée.
péripétie.
perplex.

RET*s*.

perroquet.
perron.
péronnelle.
perruque.
perruche.
percer.
persécution.
persévérer.
persil.
pertuis.
pervenche.
pervers.
pestilentieux.
pétale, *m.*
petto (*in*).
pétulant.
plébiscite.
près, précoce.
prébende.
prédicant.
préface.
préférence.
préfix.
préau.
préséance.
pression.
presbyte.
presto.
présupposer.
prête (*il*).
prétantaine.
président.
présidant, 3.

---

rhéteur.
rets.

| RÉ*pit.* | CÉ*liaque.* | CE*ste.* |
|---|---|---|
| rebec. | répons. | célibat. |
| rebelle. | réponse. | cellier. |
| rebours. | repos. | cellerier. |
| rebuffade. | resacrer. | celtique. |
| rébus. | récent, 2. | cellule. |
| rectum. | rescinder. | cément. |
| recueil. | récépissé. | cénacle. |
| recors. | ressusciter. | cène. |
| récompense. | rescrit., 2. | cénelle. |
| recours. | restaurer. | cénobite. |
| recta, recto. | rétentum. | cénotaphe. |
| recul. | rhéteur. | cep, cépée. |
| reculons (*à*). | réticence. | cependant. |
| requiem. | révérend. | cérat. |
| réchaud, 2. | révérence. | cerbère. |
| rez-de-chaussée. | revers. | cercle. |
| rédemption. | résident. | cercueil. |
| réduire. | résidant, 3. | cérès. |
| refend (*mur de*). | résilier. | cérémonie. |
| refrain. | résipiscence (*à*). | cerf. |
| réglisse, *f.* | S *par* C. | cerfeuil. |
| regretter. | | cerise. |
| régent. | Ce, cet, cette. | cerisaie, 2. |
| relais. | céans. | cerner. |
| relaps. | cédrat, cèdre. | cerneau. |
| reliquat. | cédille. | cerceau. |
| relief. | cédule. | certes, certain. |
| réminiscence. | céphalique. | cérumen. |
| remords. | cela, ceci. | cécité. |
| rémora. | céladon. | céruse. |
| renne (*un*). | célèbre. | cervelas. |
| renouvellement | celer. | cervoise. |
| repas. | céleri. | cerveau. |
| repaire. | célérité. | cesser. |
| repentir. | céleste. | cession. |
| répit. | céliaque. | ceste. |

THÉ*âtre.*

cétacée.
cétéra, cette.
césarienne.
césure.

S *par* SC etc.

Scélérat.
sceller.
scène, sceau.
sceptique.
sceptre.

---

schelling.
shérif.

S *par* S.

Semence.
sénéchaussée.
seneçon.
sept.
septennat.
septentrion.
septentrional.
séquence.
serf, cerf.
serein, serin, 3.
serrer.
session.
sesterce.

T *par* TH.

Thé, théière.
théâtre.

VÉ*hicule.*

théisme.
thême.
Thémis.
théologie.
théorie.
thérapeutique.
thériaque.
thermes.
thermomètre.
thèse.
thésauriser.

---

technique.
te deum.
téméraire.
tenace, ténia.
ténor, *m.*
térébenthine.
térébinthe.
terre, terrain.
terreur.
terroir.
test, *m.*
tester.
tête.
très.
tréma.
trépied.
trésor.

VE.

Véhément.
véhicule.

ZÉ*tétique.*

vélar, vêler.
véloce.
velléité.
velours.
velouté, 2
vénérend.
Vénus, ver.
vers, 2.
verre, vert.
verglas.
verger.
verjus.
vermicelle.
vermisseau.
verrou.
verrue.
version, 2.
verso.
vertigo.
vertu, *f.*
verveine.
vesce (*grain*).
vessie.
vestiaire, 2.
veto.

ZE.

Zéphyr.
zèle.
zénith.
zéro.
zest, zeste.
zététique.

## IV^e SECTION : EU.

| HEU*reux* | NOEU*d.* | VEU*le.* |
|---|---|---|
| §. 1. | 4°, *par* EU. | sœur. |
| EU INITIAL. | Eux. | vœu. |
| *Il s'écrit* | eucharistie. | 2°, *par* EU. |
| 1°, *par* OE, | euphémisme. | Beurre, *m.* |
| 2°, *par* OEU, | euphonie, | bleu. |
| 3°, *par* HEU, | euphorbe. | queue. |
| 4°, *par* EU. | euphraise. | queux. |
| — | §. 2. | feu. |
| 1°, *par* OE. | EU SUB-INITIAL. | feuilleter. |
| Oeil. | *Il s'écrit* | feurre, *m.* |
| œillade. | 1°, *par* OEU, | gueux, 3. |
| œillet. | 2°, *par* EU. | jeu. |
| œillère. | — | jeune (*il est*). |
| 2°, *par* OEU. | 1°, *par* OEU. | jeûner. |
| Oeuf. | Bœuf. | leurre. |
| œuvre. | cœur. | neuf. |
| 3°, *par* HEU. | chœur. | peu (*un*). |
| Heure, heur. | mœuf. | peur, 2. |
| heureux. | mœurs. | preux, ceux. |
| | nœud. | seuil, 3. |
| | | veuf. |
| | | veule. |

## Ve SECTION: I.

| HYmen. | HIppomanes. | INitier. |
|---|---|---|

§. 1.

I INITIAL.

*Il s'écrit*

1°, *par* Y,
2°, *par* HY,
3°, *par* HI,
4°, *par* I,

1°, *par* Y.

Y, yacht.
yeux, yeuse.
ypréau.
ypsiloïde.

2°, *par* HY.

Hyade.
hyacinthe.
hybride.
hydatide.
hydre.
hydrargyre.
hydrophobe.
hydragogue.
hydrogène, 2.
hydraulique.
hyène.
hygromètre.
hygiène.
hymen.
hyménée.
hymne.
hyoïde (*os*).
hyperborée.
hypéricum.
hyperbole, 2.
hypocondre, 2.
hypocras.
hypostase.
hystérique.
hypothèque.
hypothénuse.
hypothèse.
hypotypose.
hysope.

3°, *par* HI.

» Hie.
» hiatus.
» hibou.
» hic (*c'est là le*).
hidalgo.
hièble.
» hideux.
hier.
» hiérarchie.
hiérophante.
hiéroglyphe.
hilarité.
hippocrène.
hippogriffe.
hippomanes.
hippopotame.
hippocentaure.
hirondelle.
» hisser.
histoire.
histrion.
hiver.

4°, *par* I.

Ichneumon.
ichtyophage,
ichorenx.
idylle.
idem.
identique.
idiopathique.
ignée, *pr.* iguenée.
il, île, 3.
illégal, 2.
illégitime, 2.
illicite.
illusion, 2.
ilot.
imitation, 3.
immarcessible.
immense.
immiscer.
immobile, 3.
inadvertance.
inertie.
initial.
initier.

**CHY*le.***

inné, iota.
ipécacuanha.
ipso facto.
in-petto, *pron.* i-npetto.
irascible.
irriter.
iris, ici.
ischion.
ischurie.
isthme.
item.
ivraie.

§. 2,

I SUB-INITIAL.

*Il s'écrit*

1°, *par* Y,
2°, *par* I.

1°, *par* Y.

B.

Bysse.

K *par* CH

Chrysalide.

kyste.

clystère.
crypte.

CH *doux.*

Chyle.

**MY*stère.***

D.

Dynastie.
dyscole.
dyssenterie.
dryade.

F *par* PH.

Physique.
physionomie.

psycologie.

G *doux.*

Gymnase.
gynécée.
gypse.
gyromancie.

K.

Kyrielle.

L.

Lycanthrope.
lychnis.
lyre, lycée.

M.

Myologie.
myope.
myosotis.
myriade.
myrobolan.
myrrhe.
myrrhis.
myrte, mystère.

**CY*stique.***

mythologie.

N.

Nyctalope.

P.

Pygmée.
pylore.
pyracanthe.
pyramide.
pyrèthre.
pyrite.
pyrotechnie.
pyrrhique.
pyrrhonien.
pythie.
pythonisse.
prytanée.
ptyalisme.

R.

Rythme *ou* rhythme.

S *par* C.

Cyathe,
cycle, cygne.
cylindre.
cymaise.
cynique.
cynoglosse.
cynosure.
cyprès.
cyprine.
cysthépatique.
cystique.

| Bl*ais*. | QUI*conque*. | SCHI*sme*. |
|---|---|---|
| cytise. | bibliographe, 2. | quidam. |
| S *par* S. | bibliophile. | quidane. |
| | bibliothèque. | quiétude. |
| Sycophante. | bibus, 3. | quignon, 3. |
| sycomore. | biez. | quille, 3. |
| syphon, *ou* | bienveillant. | quine. |
| siphon. | biffer. | quinaud. |
| sylphe, syllabe. | bigarré. | quinola. |
| syllogisme. | bijon. | quiproquo. |
| sylve, sylvain. | bijou. | quis, quitte. |
| symétrie. | bil l, *ou* bil. | quitus. |
| synagogue. | billard, 2. | qui-va-là. |
| synallagmatique. | billebaude. | qui-vive. |
| synoque. | billot. | |
| synode. | bis (*deux fois*). | Cliquetis, 2. |
| synonyme. | bismuth. | clientèle. |
| synoptique. | biceps. | climat, 3. |
| synovie. | bissac. | Clio, clisse. |
| syringa. | bissextil, | cri, 3. |
| syrthes, sirtes. | bivac, *ou* | cric, *pr.* cri. |
| système. | bivouac. | cric-crac. |
| systole. | bizarre. | crin, 3. |
| stygmate. | bris, 2. | crinière. |
| styx. | briquet, 3. | cristallin. |
| T *par* TH *etc.* | brief, bife, *f.* | critérium. |
| Thyrse. | C *dur*, etc. | CHI. |
| type. | Chiragre. | Chiquenaude. |
| typographie. | chirographe. | chiffe. |
| typhon. | chiromancie. | chiffonner. |
| typhus. | chiste. | chiffre. |
| tyran. | christ. | chiendent. |
| 2°, *par* I. | kiosque. | schiste, *pr. chite.* |
| Bis (*pain*). | | schisme. |
| biais. | qui, quiconque. | |

D.

Diaphane.
diaphorétique.
diaphragme.
diphtongue.

———

diagnostique.
diamant.
diarrhée.
dictamen.
dire.
diète.
diésis.
différant, 2.
différent.
différentiel.
diffus.
digression.
dilemme.
dimension.
diplomatie.
direct.
dirimant.
dix.
discours.
discrète, *f.*
discussion.
discerner.
disciple.

———

dispenser.
dispos.
disserter.
dissension.
dissident.
dissiper.
distant.
distinct.
distiller.
district.
dithyrambe.
divergent.
dividende.
divorce.
dix (ans).
dizain.
dizainier.
dizeau.

F *par* PH.

Philanthrope.
philippique.
philologie.
philosophie.
philtre.
phthisie.

F *par* F

Fi! fils.
fibrille.
fidéi-commis.
fidéjussion.
fiente.
fidèle.
fief.
fier, fier-à-bras.
fil, filandière.
final, 2.
finito.
fisc.
fissipède.
frimas.
friponner.
frire.

G *par* G *dur.*

Gui.
guimauve.
grief.
griffe.
griffon.
gril.
grimace.
grimaud.
griotte.
grippe.
grivois, 2.

J.

Gibelotte.
gigot.
gilet, 2.
gille.
girasol.
girofle, 3.

L.

Lit, lis, lie, 3.
liard.
libelle.
libéra.
licol, *ou* licou.
liquoreux.
liquation.
liquéfié.
liais, *m.*

| MI*thridate.* | PI*vert.* | CI*re.* |
|---|---|---|
| lierre. | misaine. | prix, primitial. |
| lilas. | misère, 3. | primauté. |
| liliacée. | misanthrope. | |
| Lilliputien. | N. | R. |
| limace. | | Ris, 2, rit, riz. |
| linotte. | Ni, nid. | ric-à-rac. |
| lippe, lippée. | niais, nicotiane. | ric-à-ric. |
| lire. | nièce. | rideau, 3. |
| lis. | Nil. | ripopée, *f.* 3. |
| licence. | nippe. | rire. |
| licencieux. | P. | *Par* RH. |
| litharge. | | |
| littéral. | Pis, tant pis. | Rhinocéros. |
| liteau. | piaffe. | |
| M. | piano-forte. | S *par* C. |
| | pic, pica. | Ci, ciboire. |
| Michel-Ange. | pique, 3. | ciboule. |
| micmac. | pique-nique. | cicatrice. |
| mixtion. | piqûre. | cid, cidre. |
| mieux. | pied, pie. | ciel. |
| migraine. | pieu, *m.* | cierge. |
| mijoter. | pierre. | cigale. |
| mil (en date). | pièce. | cigogne. |
| mille. | piffre. | ciguë. |
| minerai. | pigeon, 3. | cilice. |
| minimum. | pilau. | cil, ciller. |
| minot. | pinnée. | cime. |
| minotaure. | pinnule. | cimeterre. |
| minois. | piauler. | cimetière. |
| minutie. | pire, 3. | ciment. |
| miauler. | pirouetter. | cimière. |
| miscible. | piscine. | cinabre. |
| mission. | pissenlit. | cinnamome. |
| missionnaire. | pistil. pitié. | cinéraire. |
| mitaine. | pittoresque. | cioutat. |
| mithridate. | pivert. | cippe, cire. |

| SCI*ssion.* | TRI*umvir.* | ZI*zanie.* |
|---|---|---|
| circoncire, 2. | *Par* S. | V. |
| circonférence. | Si, 3, sibylle. | Vicaire. |
| circonspect. | siccité, siffler. | vielle, 3. |
| circulaire, 2. | sigillé, siphon. | vieille, 3. |
| ciroène. | silence. | veille, 3. |
| ciron. | silène, 3. | vieillard. |
| cicéro. | simarouba. | vieillotte, vif. |
| cicérole. | simarre, similor. | vigilant. |
| ciste. | sire, 3, sirop. | vil, ville. |
| citadelle. | sirtes, ou syrtes. | vilain. |
| citation, 3. | six, *pron. sice.* | vilenie. |
| cité. | sixain, *pron.* sizain. | vilipender. |
| citérieur. | sixième. | villace, viol. |
| citerne. | squirre, smille. | violence. |
| citron. | stipendier. | violoncelle, *m.* |
| citrouille. | strict. | virago, viril. |
| cive, civet, | T. | vis, *f.* |
| civette. | Tibia. | vice, 3. |
| civière. | tic, tic-tac. | vice-roi. |
| civil. | tiers, tierce. | vicennal. |
| cisalpine. | tillac. | vicinal. |
| ciseau. | tir, *m.*, tire, *f.* | vicissitude. |
| ciseaux. | titiller, *v.* | viscère. |
| client, 2. | tithymale. | vitchoura. |
| *Par* SCI. | tisiphone. | vitriol. |
| Scie. | tribu, *f.* | vitraux. |
| sciure. | tribut, *m.* | vivace, visa. |
| sciatique. | tricolore, 3. | vis-à-vis, visir. |
| science. | trictrac. | visière, 3. |
| scille, *f.* | triennal. | visorium. |
| scion. | triglyphe, trio. | Z. |
| scissile. | triomphe, *m. f.* | Zibeline. |
| scission. | triumvir. | zig-zag. |
| | | zizanie. |

## VI<sup>e</sup> SECTION : IN.

| INdemnité. | INvention. | PLAINt. |
|---|---|---|

### §. 1er.

IN INITIAL.

*Il s'écrit*

1°, *par* AIN,
2°, *par* IM,
3°, *par* IN.

1°, *par* AIN.

Ainsi.

2°, *par* IM.

Imbécilité.
imbroglio.
impense.
impéritie.
impie.
importance, 3.
importun.
impromptu.

3°, *par* IN.

Incandescence.
inquiéter, 3.
in-*quarto*.
incarcérer.
incognito.
indemne.
indemnité.
index.
indigo
indice.
indult.
infect.
influant, 3.
influent.
in-folio.
injuste, 3.
inceste.
incendie, *m*.
insertion.
insister, 2.
insidieux.
insçu.
instar (*à l'*).
instant.
instiller.
instinct.
instauration.
intendant.
intense.
intérêt.
intermittence.
interpeller.
intercepter.
interroger, 2.
intervalle, *m*.
introït.
intumescence.
invention.

### §. 2.

IN SUB-INITIAL.

*Il s'écrit*

1°, *par* EN,
2°, *par* AIM,
3°, *par* AIN,
4°, *par* EIN,
5°, *par* YM,
6°, *par* YN,
7°, *par* IM,
8°, *par* IN.

1°, *par* EN.

Benjamin.
benjoin.
mentor.
pensum.

2°, *par* AIM.

Daim, faim.
Paimbœuf, *ville*.

3°, *par* AIN.

Bain-marie.
craindre.
maintien.
main, maint.
pain, plain.
plaint.

**TYMpan.**

plaindre.
tain, saint.
sain.
train.
vain.

4°, *par* EIN.

Frein.
peindre.
plein, rein.
ceint, ceindre.
seing, sein.
teint.
teindre.

5°, *par* YM.

Lymphe.
nymphe.

---

cymbale.

---

symbole.
symphyse.
symphonie.
sympathie.
symptôme.

---

thym.
tympan.

**DINdonneau.**

6°, *par* YN.

Lynx.
syncope.
synchrône.
syndérèse.
syndic.
syntaxe.
synthèse.
sphynx.

7°, *par* IM.

Brimborion, 3.
pimprenelle, 2.
timbre, 3.

8°, *par* IN.

Clinquant.

---

quincaille, 3.
quinquina.
quint.
quintal, 2.
quintessence.
quinteux, 3.
quinze.

D, etc.

Dindonneau, 3.

**ZINzolin.**

gingembre.
linceul.
pinchina (*du*).
pinceau.
pinson.
pinçon.
plinthe.
rhingrave.

S *par* C.

Cinq.
cinquante.
cingler, cintre.

S *par* SC.

Scintiller.

S *par* S.

Sincère, 3.
sinciput.

T, etc.

Tintamarre.
vin, 3, vingt.
vingtaine.

---

zinc.
zinzolin.

# VIIe SECTION : O.

» HOchet.

§. 1er.

O INITIAL.

*Il s'écrit*

1°, *par* HEAU,
2°, *par* HAU,
3°, *par* HO,
4°, *par* AU,
5°, *par* O.

1°, *par* HEAU.

» Heaume.

2°, *par* HAU.

» Haut.
haubans.
» haubert.
» hautbois.
» hausser.

3°, par HO.

Ho ! hoho !
» hobereau.
» hoc (*cela m'est*).
» hoca.
» hoquet.
» hoqueton.
» hoche.
» hochet.

HOstile.

» hocher.
» hochequeue.
» hochepied.
» hochepot.
hogner.
» holà.
» holocauste.
» Hollande.
holographe.
» hom !
homard.
homélie.
homicide.
homme.
homogène, 2.
homophonie.
honnête.
honneur.
» honnir.
honorès (*ad*).
hôpital.
» hors.
» horde.
horion.
horizon.
horloge (*une*).
hormis.
horoscope.
horreur.
hospice.
hospodar.
hostie, hostile.

AUprès.

» hôte, hôtel.
hôtelier.
hôtellerie.
» hotte.
» Hottentot.

4°. *par* AU.

Au, des aulx.
aube, aubaine.
aubépine.
auberge.
aubergine.
aubère, aubier.
aubifoin.
aubaine, aubin.
auxiliaire.
aucun, audace.
audience.
augmenter.
augure.
auguste.
auge, augelot.
aujourd'hui.
aulique.

aumône.
aumusse.

aune, aunée.
auparavant.
auprès.

*Occission.*

aurćole.
auriculaire.
aurône, aurore.

---

auspice.
aussi, aussitôt.
austère, austral.

---

authentique.

---

autan, autant.
autel, auteur.
autocrate.
auto-da-fé.
autographe.
automate.
automne.
autopsie.
autour.
autoursier.
autre, autrefois.
autrui.
autruche.
auvent.

5°, *par* O.

**Obédience.**
obit.
objurgation.
obscène.
obsèques.
obscur.
occasion.
occident.
occiput.
occision.

*Orgeat.*

oxycrat.
oxymel.
octavo, occulte.
occuper.
occurrence.
odieux.

---

ophioglosse.
ophtalmie.
offenser.
offrir.
office, 2.
offusquer.
oille, *pr.* o-ille.
oligarchie.
olinde.
**Olympe, 2.**
ollaire.

---

**Oméga.**
omniscience.
omoplate, 2.

---

onyx.

---

opéra.
opium.
opportun.
opposer.

---

**Or.**
orang-outang.
orchestre.
orchis.
ordo.
oremus, *m.*
orgeat, 3.

SCEAU.

orfraie.
orphelin.
orgueil.
oripeau.
ornithologie.
orthopédie.
or-ça.
orthodoxe.
orthographe.
os (*un*).
osciller.
ost (*armée*),
ostensible.
ottoman.
ovale, *m.*

§. 2.

O SUB-INITIAL.

*Il s'écrit*

1°, *par* U,
2°, *par* EAU,
3°, *par* AU,
4°, *par* O.

---

1°, *par* U.

**Rum.**

2°, *par* EAU.

Beau, 3.
beaucoup.
peau, 3.
peautre.
seau, 3; sceau.

**CHAU*ssée.***

veau, 3.

3°, *par* AU.

B.

Bauquin.
baudet, baudir.
baudrier.
baudruche.
bauge.
baume.
blaude.

C.

Claude.
claudication.
claustral, clause.
cauchemar.
cauchois.
caudataire.
Caudebec.
cauteleux.
caution.
caustique.
causticité.
cautère, cause.
causer.

CHAU.

Chaud, chaux.
chaudron.
chaudière.
chauffer.
chaufour.
chauler.
chaume.
chaumière.
chaussée.

**MAU*gréer.***

chausser.
chausse-trape.
chauve.
chauvir.

DAU.

Daube.
dauphin.

F.

Faux.
faubourg.
faucon.
faucher.
faufiler, faune.
faucille, fausser.
faute, fauteuil.
fauteur, fauve.
fauvette, fraude.

GAU.

Glaucome.
gauche, gaude.
gaudir, gaufre.
gaule, gaupe.
gaure, gausser.

JAU.

Jauge.
jaugeage.
jaune, jaunisse.

LAU.

Laudanum.
laudes, laurier.

MAU.

Maudire.
maugréer.

**SAU*ce.***

maupiteux.
Maure.
maussade.
mauve.
mauvais.
mauvis.
mauviette.
mausolée.

NAU.

Naufrage.
nautonier.
nausée.

PAU.

Plausible.
paume.
paumelle.
paumure.
paupière.
pause.
pauciflore.
pauvre.
psaume.

RAU.

Rauque.

SAU.

Sauf.
saugrenu.
sauge, saule.
saumon.
saunage.
saupiquet.
saupoudrer.
saur, saure.
saurage, sauce,

**CO*cotier.***

saucisse.
saussaie.
sauter, sauvage.

T *par* TH.

Thaumaturge.

T *par* T.

Taux, taudis.
taudion, taupe.
taupins.
taureau, taure.
tautologie.

VAU.

Vaudeville.
vau-l'eau (*à*).
vaurien.
vautour.
vautrer.

4°. *par* O.

B.

Bloc, blottir.
bot (*pied*).
bobo, bol.
bonace, bonnet.
bord, 2, borax.
boborygme.
bosse, 3.
botte, broc.
brocard, 2.
brocard (*du*).

C.

Clos, clocher.
coagulum.
coco, cocotier, 2.

**CO*llusion.***

coccix *ou* coc-
cyx.
cochléaria.

---

coq, coq-à-l'âne.
coquart.
coquâtre.
coquet, 3.
coquelicot.
coquemar.
coquérico.
coquecigrue.

---

codille, codicille.
cohérent.
cohériter.
co-état, coffre.
cognassier, col.
colaphiser.
colcotar.
coléra-morbus.
colimaçon.
colin-maillard.
colisée.
colle, coller.
collaborateur, 2.
*Voy.* p. 62.
collateur.
collationner.
collecteur, 2.
colliquatif, 2.
collier, colline.
collyre.
collision, 2.
colloquer, 2.
collusion, 2.

**CO*ryphée.***

colophane.
coloris.
comédie, 1 *ou* 3.
comestible, 2 *ou*
3.
comices, 2 *ou* 3.
comma.
comme.
commerce.
comment.
commande, 2.
commende.
commence.
commensal.
commenter.
commis, 2.
commode, 2.
commuer.
communauté.
commune, 2.
cône.
connaître.
connétable, 2.
connexion.
connivence.
cohorte.
copahu (*baume*).
copeau, 3.
cor, corps.
corail, 2.
corallin.
corbeille, 2.
corbillard.
coriace.
corybante.
coryphée.

| DRO*madaire*. | MO*t*. | PO*lice*. |
|---|---|---|
| coryza. | F *par* PH. | mohatra. |
| corymbe. | Phlogistique. | modèle, |
| Corinthe. | phoque. | moelle, moellon. |
| correct. | phosphore. | moins. |
| corrégidor. | F *par* F. | moka (*café*). |
| corroyer. | Florès. | molaire. |
| corruption. | flotte, flôt, 3, fol. | monnaie, molle. |
| cotignac, cotte. | folle (*elle est*). | monaut. |
| corset, cocyte. | folliculaire. | monosyllabe. |
| cotylédon. | for, fors, fort, 3. | monotone. |
| cothurne. | force, froc. | morbleu. |
| cohue, croc. | frotter. | mordicus. |
| crotte. | G. | mordienne. |
| C *dur par* QU. | Glotte. | morfil, mors, 2. |
| Quoailler. | gobe-mouches (*un*). | Morphée. |
| quolibet. | godenot, goffe. | morceau. |
| quotient. | gogo, go. | mortaise, motte. |
| quotidien. | gomme. | N. |
| CH. | gomme-gutte. | Nodus. |
| Choc. | Gorgone. | novembre. |
| chocolat, 3. | gosier, 2. | nomenclature. |
| chopper. | gothique. | nombril. |
| D. | gros, grotte. | nommer. |
| Dos, dodo. | J. | nones, nonnain. |
| dol, doléance. | Joaillier. | nonne. |
| dolent, doliman. | jocrisse, joli. | nonobstant. |
| domaine. | L. | non plus ultrà. |
| domino. | Los, lot, 2. | nord, normal, 2. |
| dommage. | logarithme. | noce, nota. |
| donner. | logogriphe. | notaire. |
| dorénavant, 3. | lok, loriot. | P. |
| dortoir, dot, 2. | M. | Poèle (*le* et *la*). |
| drogman. | Mot, 2. | point, poing. |
| dromadaire. | | poinçon, polype. |
| | | police, 3. |

| PROcès. | SOlo. | ZOologie. |
|---|---|---|
| polisson. | protêt, 3. | somme, *m. f.* |
| polygone. | protée (*un*). | sommeil. |
| polluer. | prototype. | sonnet, sonnez. |
| pomme. | provende. | sort, 2, sorcier. |
| Pomone. | providence. | social, sottise. |
| populace. | prosélyte. | T *par* TH. |
| populaire. | R. | Thorax. |
| populo. | Rôt, rob. | T *pur* T. |
| porc-frais. | robe, 3. | Tôt, tocsin. |
| porc-épics. | roc, roquefort. | tonnelier. |
| porphyre. | Roch (saint). | tonnellerie. |
| porcelaine. | roquet, 3. | tonnerre. |
| porte feuille, *m.* | roche, rocher. | topaze, topique. |
| portion (*une*). | rôder, 3. | tors, tort, 2. |
| possession. | rodomont, 2. | torrent. |
| possible. | rogomme. | torréfier. |
| post-scriptum. | rognoner. | torticolis. |
| posthume. | roman, 2. | trot, 2, trotter. |
| potence. | rosse, 3. | trop, troc. |
| potentiel. | rossignol. | troque (*il*). |
| potentat. | rossolis, rose, 3. | trophée. |
| proboscide. | rosaire, 2. | troglodyte. |
| produire. | roseraie, 2. | trône. |
| profès, profit. | roseau. | V. |
| prophète. | S. | Volatil. |
| prophétie. | Scolopendre. | volatile, 3, *m.* |
| progrès. | sloop. | volatille, 2. |
| prohiber. | sot, 2, scorbut. | volontaire, 2. |
| prôner. | soc, socque. | volontiers. |
| pronom. | soffite, *m.* | vorace. |
| pronostic. | sophisme. | Z. |
| propension. | sol, solennel. | Zodiaque, 3. |
| propitiation. | solécisme. | zône, zoïle. |
| propos. | sot-l'y-laisse. | zoophyte. |
| prorata (*au*). | solliciter, solo. | zoologie. |
| procès. | | |

## VIIIe. SECTION : OI.

| QUOAI*ller*. | JOY*eux*. | VOI*turier*. |
|---|---|---|

§. 1er.

OI INITIAL.

*Il s'écrit*

1°, *par* HOI, qui a

*hoir*,
*hoirie*,
*hoyau*.

2°, *par* OI, qui a

*oie*,
*oison*,
*oiseau*,
*oiselier*.
*oisellerie*,
*oiseux*,
*oisif*.

§. 2.

OI SUB-INITIAL.

*Il s'écrit*

1°, *par* OA,
2°, *par* OE,
3°, et presque toujours *par* OI.

---

1°, *par* OA.

Quoailler.

joaillier.
joaillerie.

2°, *par* OE.

Moelle.
moellon.
poêle, poëlon.

3°, *par* OI.

Boyau.
boire, *v*.
boisson, 3.
boisseau, 2.
boîte, 3.

---

quoi.
quoique.

---

coi, 3.
coiffe.
croix.
croire, *v*.

---

choix.
choir.

---

doigt.
foi, *f*.
foie, *m*.
fois, *f*.
froid, goître, 3.

---

joie, 3.
joyeux.

loi, *f*, loyauté.
loir, loisir.
moi, 3, moyen.
mois.
moyenner.
moyen, 2.
moitié.
moisissure, 3.
noix, noyau.
noir, noise, 3.
noiraud, 2.
poids, *m*.
pois, *m*.
poix (*de la*).
poil (*du*).
poignard, 2.
poing, point.
roi, *m*., 3.
royaume.
royauté, soi, 3.
soie, 3.
soif.
soir *ou* soirée.
soixante.

---

toit, 3; toi.
trois.

---

voie, 3; voix.
voici, voilà.
voilier, 2.
voir, 2.
voirie, 3.
voiturier, 2.

## IX^e SECTION : ON.

| ON*c*. | COM*ponende*. | CHON*drille*. |
|---|---|---|

§. 1.

ON INITIAL.

*Il s'écrit*

1°, *par* UN,
2°, *par* HUM,
3°, *par* HOM,
4°, *par* HON,
5°, *par* OM,
6°, *par* ON.

---

1°, *par* UN.

Unguis (*os*).

2°, HUM.

Humble (*poisson*).

3°, *par* HOM.

Hombre.

4°, *par* HON.

» Hongre.
» honte.

5°, *par* OM.

Ombelle.
ombilic.
ombre.
Omphale.

6°, *par* ON.

On, 3.
onc *ou* onques.
oncle, 3.
ongle, 3.
onction, 3.
onde, 3.
onguent, onze.

§. 2.

ON SUB-INITIAL.

*Il s'écrit*

3°, *par* UM,
3°, *par* UN,
3°, *par* OM,
4°, *par* ON.

---

1°, *par* UM.

Rumb.
thrumbus.

2°, *par* UN.

Junte, punch.

3°, *par* OM.

Bombance, 3.
compas, 2.
compassion.
compétent.
compendium.
compenser.
complexion.
complétif, 3.
componende.
compulsoire, *m*.
comput.
comte, conte, 3.
compte.
compter.
dompter.
lombe, 3.
lombard, 2.
lombaire, 2.
nom.
nombreux, 3.
plomb.
prompt.
rhombe.
sombre, 3.
tombeau, 3.
thrombe *ou* trombe.

4°, *par* ON.

B.

Blond, 2.
bon, 3; bond, 2.
bonbon, bondir.
bonjour.
bonsoir.
bonté, 2.
bonze.
bronchial.
bronze.

C.

Chondrille.

---

| CON*tinence*. | LON*gévité*. | TRON*c*. |
|---|---|---|
| concupiscence. | contorsion, 3. | M. |
| concussion. | contraindre. | Mont. |
| condyle. | contravention, 2. | monceau, 3. |
| condition, 3. | contumace. | montoir, 3. |
| conduire. | convalescent. | montueux, 3. |
| conférence. | convergent. | N. |
| confession. | D. | Nonpareil. |
| confire, conflit. | Don, 3; donc. | nonce, 3. |
| confluent. | dont (*de qui ou de quoi*). | P. |
| congrès, congé. | donjon. | Plongeon, 3. |
| conjonction, 3. | donzelle. | pont. |
| concevoir. | F. | ponceau, 3. |
| concile, 3. | Fond, 2; fonds. | pontife. |
| concierge, 3. | foncé, fontaine. | R. |
| consécutif, 2. | fontenier. | Ronce, 3. |
| conseil. | front, froncer. | ronfler, 3. |
| considérer. | G | S. |
| consister, 2. | Gond, 2. | Son, 3. |
| consistoire, *m*. | gonfle, 3. | spondée. |
| construire. | L. | T *par* TH. |
| consul. | Long. | Thon. |
| consulaire, 3. | long-tems. | T. |
| contempler. | longévité, 2. | Taon, tronc. |
| contention. | | |
| conte, 3. | | |
| continence, 2. | | |

## X<sup>e</sup> SECTION : OU.

| HOU*ri*. | QUA*ker*. | BOU*rgeon*. |
|---|---|---|
| §. 1. | » hourvari. | quadragénaire. |
| OU INITIAL. | » houspiller. | quadragésime. |
| *Il s'écrit*.— | » housse. | quadrangulaire. |
| 1°, *par* AOU, | » houssard *ou* | quadrature (*du* |
| 2°, *par* HOU, | » hussard. | *cercle*). |
| 3°, *par* OU. | » housser. | quadrifolium. |
| | housé. | quadrige. |
| 1°, *par* AOU. | » houseaux. | quatrilatère. |
| Août, *pr.* oû. | 3°, *par* OU. | quadrupède. |
| aoûteron (1). | Ou, où. | quadruple. |
| 2°, *par* HOU. | oubli, 3, *m.* | quarto (*in*). |
| » Houe, *f.* | oublie, 3. | quaterne. |
| » houx, *m.* | ouais, ouest. | quasi-contrat. |
| » houblon. | ouf, oui-dà. | quasi-délit. |
| » houille. | ours, ouragan. | |
| » houle. | outil, ourvari. | 2°, *par* OU. |
| » houleux. | outremer. | Bout, boue, 3. |
| » houlette. | ouvrier, 2. | bouc, boucan. |
| » houper. | §. 2. | boucassin. |
| » houppe. | OU SUB-INITIAL. | boucher (*un*), 2. |
| » houpper. | *Il s'écrit* | bouffer. |
| » houppelande. | 1°, *par* U, | bouffi, bouffon. |
| » hourailler. | 2°, *par* OU. | boulevard. |
| « hourque. | 1°, *par* U. | bouracan. |
| » hourder. | Quaker, *ou* | bourdaine. |
| » houri. | quacre. | bourg. |
| | | bougeois, 2. |
| | | bourgeon. |

(1) On prononce oûteron; cependant on écrit et on prononce l'*a* dans *aoûté*.

| CROU*pière*. | JOU*g*. | ROU*anner*. |
|---|---|---|
| bourrade. | croupe, 3. | joufflu. |
| bourrasque. | **CH.** | joujou, 3. |
| bourrique. | Chou, 3. | jouvence. |
| bourru. | choucas. | jour, 3. |
| boussole, 3. | chouette, 2. | **L.** |
| bouterolle. | **D.** | Loup, loupe, 3. |
| boutisse. | Doux. | lourd, loure, *f.* |
| bouvard. | douceâtre. | louveteau. |
| bouse, 3. | douairière, 2. | **M.** |
| brou *ou* brout. | douceur. | Mou, 3, moue, 3. |
| brouhaha. | douvain. | mouchard, 2. |
| brouetter. | douze. | mouchoir, 2. |
| brouillard. | douzaine. | moufle. |
| **COU.** | **F.** | mousse, 3. |
| Cou, 3. | Fouace. | mousseline. |
| coût, coup. | fouetter. | **N.** |
| couard, 2. | fougère, 3. | Nourrir. |
| coucher (*le*). | fourmi, *f.* | nourrice. |
| cou de pied, *ou* coude-pied. | fourmilière, 3. | nourrisson. |
| couenne. | fournaise. | nouveau, 3. |
| coulis, 2. | fournée, 3. | nouveauté. |
| coulisse. | fourrager. | **P.** |
| cour, 3. | fourrer. | Pouf, pouffer. |
| cours, court. | **GOU.** | poulie, 3. |
| courbette, 2. | Glousser, goût. | pouliot. |
| courrier. | gouffre, goujat. | poulain. |
| courroie. | goujon, goulot. | poulailler. |
| courroux. | goulotte. | pour, 3. |
| courroucer. | goure, gousset. | pourpris. |
| couci-couci. | goussaut. | pourrir. |
| coussin. | goutte, *f.* | pourceau. |
| coutelas. | groupe, 3. | pouce. |
| coutil, couvent. | **J.** | **R.** |
| couvain, croup. | Joue, 3, joug. | Roux, roussin. |
| croupière. |  | rouanner. |

| SOU*fre*. | TOU*x*. | VOU*ssure*. |
|---|---|---|
| rouge, 3. | soulas, soupir. | toucher (*le*). |
| routier, 2. | soupçonner. | touffe, touffu. |
| S. | sourd, 2. | toujours. |
| Soû *ou* soûl. | souris, *f*. | tournoi. |
| sous, sou (*un*), 3. | souris *ou* sourire, *m*. | tournois. |
| soubresaut. | souricière. | toussaint (*la*). |
| souhait, souffler. | source, sourcil. | ton-ton. |
| soufflet. | T. | trousse-quin. |
| souffre (*il*). | Tout, toux. | VOU. |
| soufre, 3. | | Voussure, 3. |

## XIe SECTION : U.

| » HU*lotte*. | U*s*. | BU*centaure*. |
|---|---|---|
| § 1. | humer. | ustensile. |
| U INITIAL. | humecter. | usage, 3. |
| *Il s'écrit* | humérus. | usufruit. |
| 1°, *par* EU, | humeur. | § 2. |
| 2°, *par* HU, | humilier. | U SUB-INITIAL. |
| 3°, *par* U. | humain, » hune. | *Il s'écrit* |
| 1°, *par* EU. | » huppe, » hure. | toujours *par* U. |
| Eu, il a eu. | » hurhaut. | 1°, *par* U. |
| 2°, *par* HU. | » hurler. | Bluteau, bru. |
| » Huard, hue. | hurlubrelu. | bruyère. |
| » hucher, » huer. | » hussard. | bruire, bruit. |
| » huette. | » hutte. | brutôt, brusc. |
| » huguenot. | 3°, *par* U. | brut, buccale. |
| » huguenote. | Ubiquiste. | buccinateur. |
| hui, d'hui. | ukase, ulcère. | bûche, buffle. |
| huis, huissier. | unisson, 3. | buffet, buis. |
| huile, » huit. | ultimatum. | bulle, busc. |
| » huître. | ure, 3, urgent. | bucéphale. |
| » hulotte. | univers. | bucentaure. |
| | us *pron.* usse. | |

| PHU. | MU*rex*. | RU*bis*. |
| --- | --- | --- |
| butor, but. | F *par* F. | musc, muscat. |
| buttière. | Flux, fluxion. | musée. |
| butter. | fructidor. | muséum. |
| buvotter. | fructueux, 3. | muscrolle. |
| CU *par* QU. | fruit, 2. | museau. |
| Questeur. | fût, fumeterre. | NU |
| quérimonie. | futaine, futur. | Nû, 3, nuance. |
| quia (*à*). | G. | nudité, 2. |
| quinquagésime, *pr.* cu-incou-agésime. | Glu, gluant. | nuit, nuitée, 2. |
| quinquennal. | gluten, gruau. | nul, *m.* nulle, *f.* |
| quinquennium. | guttural. | numéro. |
| quinquerce. | JU. | nummulaire. |
| quintupler. | Jus, juda. | nuptial. |
| C. | juge, 3, jujube. | P. |
| Club *pr.* clob *ou* cloub, crû. | julep, jumart. | Plus, plusieurs. |
| crucifix. | jusque *ou* jusques. | plumasseau. |
| cruauté. | jusquiame, 3. | plutôt, pus. |
| culot, culotte. | jussion. | public, puéril. |
| cu *ou* cul, cuir. | justaucorps. | puis, puits. |
| cuisse. | LU. | puissant. |
| cuire, cuissart. | Luc (*oiseau de*). | puisard. |
| cuistre, 3. | luire, lumière. | pulluler. |
| cuiller, culbuter. | lunaison, 2. | punais, pupille. |
| culotte, cutter. | lucide, 3, lucifer. | pur, purée, 3. |
| CHU. | luth, luthérien. | puritain. |
| Chut! chûte, 3. | lut, luter. | purgatoire, 3. |
| DU. | lutter, luzerne. | purulent, 2. |
| Duc, dulcifer. | MU. | puce, putois. |
| duo, duodénum. | Mû, 3, mufle, 3. | pusillanime. |
| duumvir. | mufti, 3. | RU *par* RHU. |
| duplicata. | muid, mulet, 3. | rhubarbe. |
| dur, durcir, 3. | mulot. | rhume. |
| FU *par* PHU. | mur, mûr. | rhumatisme. |
| Phu. | mûre, 3, murex. | RU. |
| | | Rubacelle, *m.* |
| | | Ruban, 2, rubis. |

rudiment, 2.
rugine, 3.
ruisseau, 3.
rut (*en*).

SU.

Subhastation.
subrécot.
subside.
subsister.
substantiel.
succomber.
succès, succéder.
succion.
succinct.
substitut, 2.
subtil.
succomber.
succube.
succulent.
succursale.
sud, sud-est.
suffire.
suffoquer.
suggérer.
sujétion.
suif, 3, suint.
suisse, sumac.
suffrage.
suffusion.
supplanter.
suppléer.
supplier.
supplicier.
support, suppôt.
supposer.
supprimer.
suppurer.
supputer.
suprématie.
sur, sur *et* sûr.
suranné.
sucer, suçon, 3.
susceptible.
suspicion.
sustenter.
suzerain.

TU.

Truffe, tuf.
tuyau, tuyère.
tu-autem.
turban, 2.
turbith, turbot.
turbulent, 2.
turc, turque.
turelure, 3.
turgescence.
tussilage.
tutélaire.
tutie, 3.

VU.

Vu, 3; vue, 3.
vulgaire, 2.
vulnéraire, 2.

## XIe SECTION : UN.

---

UN

*Ne se trouve que dans*

Humble,
parfum,
un, quelqu'un,
aucun,
brun,
commun,
à jeun,
importun,
nerprun,
petun,
tribun,
défunt,
emprunt.

FIN DU DICTIONNAIRE ORTHOGRAPHIQUE.

# DICTIONNAIRE

## *Des mots réunis par des tirets.*

Nous divisons ces mots en quatre ordres:

1°, Mots réunis, dont le premier est un substantif, comme dans *arc-boutant;*

2°, Mots réunis, dont le premier est un adjectif, comme dans *beau-frère;*

3°, Mots réunis, dont le premier est un verbe, comme dans *abat-vent;*

4°, Mots réunis, dont le premier est un invariable, comme dans *après-demain*, *contre-amiral*.

## PREMIER ORDRE.

### *Mots réunis, dont le premier est un substantif.*

| | |
|---|---|
| Aigue-marine, *f.*; | des aigues-marine. |

*Aigue* vient du latin AQUA, *eau; aigue-marine* signifie *eau de mer.*

| | |
|---|---|
| Arc-boutant, *m.*; | des arcs-boutants. |
| arc-doubleau, *m.*; | arcs-doubleaux. |
| arc-en-ciel, *m.*; | arcs-en-ciel. |

Il peut y avoir plusieurs arcs dans le ciel. Si l'on eût voulu pluraliser ce dernier mot, on eût dit, non pas des *arcs-en ciels*, mais des *arcs-en-cieux.*

| | |
|---|---|
| Barbe-de-bouc, *f.*; | des barbes-de-bouc. |
| — de-chèvre, *f.*; | — de-chèvre. |
| — de-jupiter, *f.*; | — de-jupiter. |
| — de-moine, *f.*; | — de-moine. |
| — de-renard, *f.*; | — de-renard. |

Ces cinq mots sont des noms de plantes. Au pluriel, comme au singulier, ces différentes barbes sont ainsi appelées à cause de quelque ressemblance avec la barbe du bouc, avec celle de la chèvre, etc. Un seul bouc, une seule chèvre etc. ont suffi pour fonder ce rapport.

| | |
|---|---|
| Bec-d'âne, *m.*; | des becs-d'âne. |
| bec-de-corbin, *m.*; | becs-de-corbin. |
| bec-de-grue, *m.*; | becs-de-grue. |

Un *âne*, un *corbeau*, une *grue*, ont suffi pour fournir ces modèles.

| | |
|---|---|
| Bout-rimé, *m.*; | des bouts-rimés. |
| branche-ursine, *f.*; | branches-ursines. |
| brêche-dents, *m.*; | brêche-dents. |

Un *brêche-dents* est un homme qui a une brêche ou un vide dans les dents antérieures. Soit qu'on parle d'une seule personne, ou de plusieurs, le vide est toujours dans les dents, et ce n'est toujours que l'idée d'un vide qu'on veut faire naître. Si l'on écrivait des *brêches-dents*, cela signifierait que ceux qu'on désigne ainsi, ont des *brêches* ou des vides dans les dents, tandis qu'on veut seulement dire qu'ils y ont un vide ou du vide.

| | |
|---|---|
| Caillot-rosat, *m.*; | des caillots-rosats. |
| carême-prenant; | carême-prenant. |

On appelle *carême-prenant* les trois jours qui précèdent le mercredi des cendres. Carême-prenant se dit aussi du mardi-gras, ou d'un homme qui court en masque et mal habillé. Ainsi des *carême-prenant* sont des jours ou des hommes *prenant le carême* ou entrant dans le carême.

| | |
|---|---|
| Cerf-volant, *m.*; | des cerfs-volants. |
| chat-huant, *m.*; | des chats-huants. |

Le premier est un insecte ou une machine qui vole, le second un chat ou hibou qui hue.

| | |
|---|---|
| Chef-d'œuvre, *m.* | des chefs-d'œuvre. |

Des chefs-d'œuvre sont des chefs, des pièces principales d'exécution. Les Italiens disent *i capi d'opera*, et ne pluralisent jamais le dernier mot.

| | |
|---|---|
| Chef-lieu, *m.*; | des chefs-lieux, c.-à-d. lieux qui sont chefs. |
| un chevaux-legers, *m.* | des chevaux-legers. |

On dit *mille chevaux* pour *mille cavaliers*. On disait d'après la même analogie *être dans les chevaux-légers*, et par une abréviation plus grande encore *un chevaux-légers*, pour signifier un cavalier qui appartenait à ce régiment. Rien ne peut justifier l'orthographe plus que gothique de *chevau-léger*, où il y a tout à la fois barbarisme et solecisme.

| | |
|---|---|
| Chèvre-feuille, *m.*; | des chèvre-feuilles. |
| chèvre-pieds, *m.*; | chèvre-pieds. |

Le premier mot indique un arbrisseau qui grimpe comme la chèvre. On prend la partie pour le tout, et *feuille* remplaçant l'arbrisseau est comme lui succeptible de prendre les deux nombres.

Un satyre est un dieu chèvre-pieds, c'est-à-dire qui a les pieds de chèvre.

| | |
|---|---|
| Chien-marin, *m.*; | des chiens-marins, |
| chou-fleur, *m.*; | choux-fleurs, |
| — navet, *m.*; | — navets, |
| — rave, *m.*; | — raves. |

C'est-à-dire *des fleurs qui sont choux*, etc.

| | |
|---|---|
| Coiffe-jaune, *m.*; | des coiffes-jaunes. |
| cordon-bleu, *m.*; | cordons-bleus. |

Ce sont des oiseaux qui ont une espèce de *coiffe jaune*, de *cordon bleu*. Cette coiffe, ce cordon était en eux, la partie la plus remarquable, et a servi à les nommer. Prenant ainsi la partie pour le tout. On a dit de beaux *cordons-bleus*, de beaux *coiffes-jaunes*; de même qu'on dit de *beaux loutres*, pour de beaux chapeaux faits avec de la loutre.

| | |
|---|---|
| Colin-maillard, *m.*; | des colin-maillard. |

*C'est-à-dire jeu où colin cherche maillard.* Nous avons cet hiver d'*agréables colin-maillard*, c'est-à-dire d'agréables jeux où colin poursuit maillard.

| | |
|---|---|
| Coq-à-l'âne; | des coq-à-l'âne. |

Faire des *coq-à-l'âne*, c'est tenir des discours sans ordre où l'on passe du coq à l'âne.

| | |
|---|---|
| Corps-de-garde; | des corps-de-garde. |
| — de logis; | — de logis. |

Des *corps-de-garde*, c'est-à-dire on dit *corps qui sont pour la garde.*

| | |
|---|---|
| Cou-de-pied, *m.*; | des cous-de-pied. |

L'Académie écrit *coude-pied.* La crusca exprime cette idée par *il collo del piede*, et les anatomistes voient dans cette partie du pied la forme d'un *cou* et non pas d'un *coude.* Voyez sur cette expression la savante dissertation de M. Ballin, dans le manuel de M. Boniface, 1ère année.

| | |
|---|---|
| Croc-en-jambe, *m.*; | des crocs-en-jambe. |

Craindre un *croc en jambe*, ou plusieurs *crocs en jambe*, c'est-à-dire dans la jambe.

| | |
|---|---|
| Cul-de-jatte, *m.*; | des culs-de-jatte. |
| — de-lampe, *m.*; | — de-lampe. |
| — de sac, *m.*; | — de-sac. |

Dans *cul-de-jatte*, le premier mot désigne une partie prise pour le tout, il peut donc être pluralisé. Des *culs-de-jatte* sont donc des hommes ainsi nommés à cause *de la jatte* sur laquelle ils se traînent. Des *culs-de-lampe* sont des ornements qui imitent une lampe d'église; des *culs-de-sac* sont des rues qui imitent un sac.

| | |
|---|---|
| Dame-jeanne, *f.*; | des dames-jeannes. |
| eau-de-vie, *f.*; | eaux-de-vie. |
| eau-forte, *f.*; | — fortes. |

On dit de *l'eau-de-vie*, de *l'eau-forte*, diverses *eaux-de-vie*, diverses *eaux-fortes.*

| | |
|---|---|
| Épi-d'eau, *m.*; | des épis-d'eau. |
| épine-vinette, *f.*, | des épines-vinettes. |
| fourmi-lion, *m.*; | des fourmis-lions. |
| garde-bourgeoise, *f.*; | des gardes-bonrgeoises. |
| — noble, *f.*; | — nobles. |
| — champêtre, *m.*; | — champêtres. |

Dans *garde-bourgeoise*, *garde-noble*, le mot de *garde* signifie une chose *gardée*, conservée, la *garde*, la conservation d'une chose. Dans *garde champêtre* il est l'équivalent de gardien. Il y a un troisième *garde* qui est un verbe, on verra plus bas (1).

| | |
|---|---|
| Gomme-gutte, *f.*; | des gommes-guttes. |
| — résine, *f.*; | — resines. |
| goutte-crampe, *f.*; | des gouttes-crampes. |

Ces mots ne s'emploient guères au pluriel, cependant quand on veut détailler les sortes, comme lorsqu'on dit *diverses gommes-résines*, etc.

| | |
|---|---|
| Guet-apens, *m.*; | des guets-apens. |

Ce mot vient du vieux français *guet-appensé*, guet préparé, prémédité.

| | |
|---|---|
| Hôtel-dieu, *m*; | des hôtels-dieu. |

Il pourrait y avoir plusieurs *hôtels-dieu*.

| | |
|---|---|
| Loup-cervier, *m*; | des loups-cerviers. |
| — garou. *m*; | — garous. |
| nerf-férure, *f*; | des nerf-férures. |

Un seul nerf peut recevoir une ou plusieurs férures.

| | |
|---|---|
| Ortie-grièche, *f.*; | des orties-grièches. |
| Pain-de-coucou, *m.*; | des pains-de-coucou- |
| — pourceau, *m.*; | — de-pourceau. |

Ces deux derniers mots sont les noms de deux

---

(1) Un *garde-française* nous paraît inexplicable; mais un *gardes-françaises* serait dans l'analogie d'un *cent-suisses*, d'un *chevaux-légers*.

plantes qui servent comme de pain pour le coucou et le pourceau. Plusieurs tiges de ces plantes sont donc comme autant de pains pour le pourceau, pour le coucou; un seul de ces animaux peut manger plusieurs de ces pains.

| | |
|---|---|
| Pie-grièche, *f.*; | des pies-grièches. |

C'est-à-dire *pie-grisâtre* et *grièche* étant des dépréciatifs de *gris*, *grisâtre*.

| | |
|---|---|
| Pied-d'alouette, *m.*; | des pieds-d'alouette. |
| — de biche, *m.*; | — de biche. |

Le premier mot est le nom d'une plante qui imite le pied de l'oiseau, appelé *alouette*. Une seule alouette a suffi pour donner ce modèle, le mot *pied* se prend pour l'individu ou pour l'espèce. Ainsi il se pluralise pour exprimer pluralité d'espèces ou d'individus.

Le second est un instrument, qui a de la ressemblance avec le pied d'une biche. Jugez ainsi les *pieds-de-chat*, les *pieds-de-bœuf*, les *pieds-de-griffon*, les *pieds-de-lièvre*, les *pieds-de-lion*, les *pieds-de-pigeon*, les *pieds-de-veau*, etc.

| | |
|---|---|
| Pied-bot, *m.*; | des pieds-bots. |
| — plat, *m.*; | — plats. |
| — poudreux, *m*; | — poudreux. (1) |

Dans *pied-bot*, et les deux derniers, c'est la partie pour le tout.

| | |
|---|---|
| Pont-levis, *m.*; | des ponts-levis. |
| porc-épics, *m.*; | porcs-épics. |

L'Académie écrit *porc-épic*. Cependant *épic* signifie *piquant*, or ce n'est pas d'un piquant, mais de plusieurs piquants qu'est venu le *porc-épics*.

| | |
|---|---|
| Pot-au-feu, *m.*; | des pots-au-feu. |
| pot-de-vin. *m.*, | — de-vin. |

(1) Il y a aussi *pied-droit*, *pied-fort*, qui font au pluriel *pieds-droits*, etc.

*Il a reçu deux pots-de-vin qui lui ont valu dix mille francs,* c'est-à-dire deux présents, signes de deux marchés conclus, et pour tenir lieu des deux pots de vin qu'on a coutume de payer en pareille circonstance. C'est ici le signe pour la chose signifiée.

| | |
|---|---|
| Pot-pourri, *m.*; | des pots-pourris. |
| quartier-maître, *m.*; | quartier-maîtres. |
| — mestre, *m.*; | — mestres. |

C'est-à-dire un homme ou des hommes préposés au logement, pour faire le logement des militaires.

| | |
|---|---|
| Reine-claude, *f.*; | des reines-claude. |

On prétend que cette sorte de prunes doit son nom à la *reine Claude.* Alors c'est là cause pour l'effet, comme lorsqu'on dit : *voilà de beaux callots.* On oublie en quelque sorte l'auteur ou l'origine de la chose, et l'on n'en voit plus que les individus.

| | |
|---|---|
| Sang-de-dragon, *m.*; | des sangs-de-dragon. |

Il y a différents *sangs-de dragon* en usage en médecine, l'un est une plante, l'autre une liqueur qui découle d'un arbre.

| | |
|---|---|
| Sénatus-consulte, *m.*; | des sénatus-consultes. |
| taille-douce, *f.*; | de superbes tailles-douces. |

Voyez dans les verbes *taille-mèche.*

| | |
|---|---|
| Taupe-grillon, | taupes-grillons. |
| Terre-neuvier, *m.*; | des Terre-neuviers. |

C'est-à-dire pêcheur ou pêcheurs sur les bancs de Terre-neuve.

| | |
|---|---|
| Terre-noix, *f.*; | des terre-noix. |

C'est-à-dire plante qui a dans la terre des bulbes semblables à des noix.

| | |
|---|---|
| Terre-plein, *m.*; | des terre-pleins. |

C'est-à-dire lieu ou lieux *pleins de terre.*

| | |
|---|---|
| Tête-à-tête, *m.*; | des tête-à-tête. |

C'est-à-dire une ou plusieurs entrevues ou conversations qui se font de tête à tête, ou tête à tête.

| | |
|---|---|
| Tête-cornue, *f.*; | des têtes-cornues. |
| — morte, *f.*; | — mortes. |
| tripe-madame, *m.*; | tripe-madame. |
| trou-madame, *m.*; | trou-madame. |

L'avant-dernier des ces mots est le nom d'une plante qui entre dans nos salades. Le dernier est une machime de jeu; *jouer au trou-madame.* Comme dans ces deux mots *madame* reste toujours au singulier, on ne voit pas pourquoi *trou* et *trippe* pourraient varier.

| | |
|---|---|
| Ver-coquin, *m.*; | des vers-coquins. |
| — luisant, *m.*; | — luisants. |
| Vice-amiral, *m.*; | des vice-amiraux. |

*Vice* est un ablatif latin qui signifie *en place.* Des *vice-amiraux* sont donc des hommes en place d'amiraux ou qui tiennent la place d'amiraux.

Ecrivez d'après la même analogie, *vice-bailli*, etc.

## II. ORDRE.

*Mots réunis, dont le premier est un adjectif.*

| | |
|---|---|
| Bas-fond, *m.*; | des bas-fouds. |
| — relief, *m.*; | — reliefs. |
| — ventre, *m.*; | — ventres. |
| basse-contre, *f.*; | basses-contre. |
| — cour, *f.*; | — cours. |

Lorsque l'adjectif est immédiatement suivi d'un substantif, tous les deux prennent la marque du nombre. Dans les cinq mots précédents, il n'y a d'invariable que le mot *contre*, qui de sa nature doit toujours l'être.

| | |
|---|---|
| Beau-fils, *m.*; | des beaux-fils. (1) |
| — frère, *m.*; | — frères. (1) |
| — père, *m.*; | — pères. (1) |
| belle-de-jour, *f.*; | belles-de-jour. |
| belle-de-nuit, *f.*; | — de-nuit. |

C'est-à-dire des fleurs *belles* pendant le jour, dans la nuit.

| | |
|---|---|
| Belle-fille, *f.*; | des belles-filles. (1) |
| — mère, *f.*; | — mères. (1) |
| — sœur, *f.*; | — sœurs. (1) |
| blanc-bec, *m.*; | blancs-becs. |
| — de-baleine, *m.*; | — de-baleine. |
| — manteau, *m.*; | — manteaux. |

C'est d'un jeune oiseau qu'on a emprunté l'idée de *blanc bec.* Cette partie a été prise pour le tout, et a dû se pluraliser comme celui à qui on l'attribue.

Les *blancs-manteaux* étaient des moines en *manteaux blancs*; c'est l'habit pour la personne.

| | |
|---|---|
| Blanc-seing, | des blanc-seings. |
| — signé, | — signés. |

C'est-à-dire des *seings en blanc*, *des papiers signés en blanc*, sur du blanc.

| | |
|---|---|
| Bon-chrétien, *m.*; | des bons-chrétiens. |
| — henri, *m.*; | — henris. |

Quelle que soit l'origine de ces deux mots, ce sont au pluriel des *chrétiens*, des *henris*, qui sont *bons*.

| | |
|---|---|
| Chauve-souris, *f.*; | des chauves-souris. |
| chiche-face, *m.*; | chiches-faces. |

Un *chiche-face* est un homme qui a une *face*

(1) Voyez l'explication qui suit le mot *basse-cour*.

*chiche*, c'est la partie pour le tout (voy. *coiffe jaune*).

| | |
|---|---|
| Claire-voie, *f.*; | des claires-voies. |
| court-bouillon, *m.*; | courts-bouillons. |

Cette manière d'apprêter le poisson au court-bouillon pouvant se pluraliser, on pourra dire deux excellents *courts-bouillons*.

| | |
|---|---|
| Courte-botte, *m.*; | des courtes-bottes. |

C'est la partie pour le tout. Voy. *coiffe-jaune* ou *chiche-face*.

| | |
|---|---|
| Courte-haleine, *m.*; | des courte-haleine. |

On dit : *ils ont de l'haleine*, *ils ont l'haleine courte*, et n'ont pas *ils ont des haleines*, *ils ont des haleines courtes*. Quoique ce soit encore ici la partie pour le tout, ce n'est point une partie susceptible d'être pluralisée.

| | |
|---|---|
| Courte-paille, *f.*; | des courtes-pailles. |

On dit tirer *à la courte-paille*. Si l'on renouvelle ce jeu et que quelqu'un attrape plusieurs fois cette paille, il pourra dire : j'ai dans la main *deux courtes-pailles*. On dit aussi une *courte-pointe*, des *courtes-pointes*.

| | |
|---|---|
| Demi-dieu, *m.*; | des demi-dieux. |
| — fleuron, *m.*; | — fleurons. |

L'adjectif *demi* ainsi placé devant un substantif ne varie jamais. On a plusieurs autres mots ainsi réunis, *demi-lune*, *demi-métal*, *demi-rond*, *demi-savant*, etc. Au pluriel le mot qui suit *demi* en prend toujours la marque.

| | |
|---|---|
| Douce-amère, *f.*; | des douce-amères. |
| double-feuille, *f.*; | doubles-feuilles. |
| — fleur, *f.*; | — fleurs. |

Dans les deux derniers mots, c'est évidemment la partie pour le tout. Voy. *coiffe-jaune* ou *jaune-face*.

Dans le premier, c'est la qualité de la plante pour la plante elle-même, c'est encore une partie pour le tout. Au lieu du latin *dulcamara*, on a eu *doulce-amère* et *douce-amère*; le premier mot représente l'invariable latin *dulc*, et se trouve par euphonie sous forme féminine dans le mot français.

| | |
|---|---|
| Fausse-braie, *f.*; | des fausses-braies. |
| faux-fuyant, *m.*; | faux-fuyants, |
| — semblant, *m.*; | — semblants. |

Le mot *semblant* se prend pour signifier *apparence*. On dit un *bon semblant*, de *bons semblants*.

| | |
|---|---|
| Fier-à bras, *m.*; | des fier-à-bras |

*Fier* vient de *férir*. On disait *il fiert* pour il frappe. Des *fier-à-bras* sont donc des hommes qui *fièrent*, ou frappent *à tour de bras*, ou se donnent pour tels.

| | |
|---|---|
| Folle-enchère, *f.*; | des folles-enchères. |
| franc-alleu, *m.*; | francs-alleux. |
| — réal, *m.*; | — réals. |
| — salé, *m.*; | — salés. |

Des francs-alleux étaient des biens francs. On disait aussi posséder une terre en *franc-alleu*. Le *franc-salé* était le droit de prendre à la gabelle certaine quantité de sel sans payer : *il a un minot de sel pour son franc-salé*. Si donc la gabelle devait deux fois à quelqu'un cette quantité de sel, elle pouvait dire : *nous lui devons deux francs-salés*.

*Franc-réal* est une sorte de poires, il y a un *franc-réal* d'été, et un *franc-réal* d'hiver. Le mot *réal* signifie *royal*. On disait *la galère réale*, *le médecin réal*, etc. On ne dirait pas des *francs-réaux*; on croirait en quelque sorte changer le nom de ce fruit, à-peu-près comme si l'en disait M. *Réal*, et les MM. *réaux*.

| | |
|---|---|
| Grand-maître, *m.*; | des grands-maîtres, |
| grand' mère, *f.*; | grand' mères. |

*Grand* suit toujours le sort de son substantif ; mais *grand'* est toujours invariable ; *des grand' tantes, des grand' rues, des grand' messes.*

| | |
|---|---|
| Gras-double, *m.*; | des gras-doubles. |
| gros-texte, *m.*; | gros-textes. |

Les composés de *gras* et de *gros* n'offrent aucune difficulté.

| | |
|---|---|
| Haut-à-bas, *m.*; | des haut-à-bas. (1) |

Des *haut-à-bas* sont des petits merciers qui portent sur le dos toutes leurs marchandises, que *de haut* qu'elles sont, ils mettent *à bas* ou *en bas* à volonté.

| | |
|---|---|
| Haut-bord, *m*,; | des hauts-bords. |

C'est la partie pour le tout. *Des hauts-bords* sont des vaisseaux de *haut-bord.*

| | |
|---|---|
| Haut-de-chausses, | des hauts-de-chausses. |

Chausser du latin *calceare* (de *calceus*, talon). On a dit *chausses*, *chausser*. On a eu des *bas de chausses*, puis simplement des *bas*, et des *hauts de chausses.*

| | |
|---|---|
| haute-contre, *f.*; | hautes-contre. |
| — cour, *f.*; | — cours. |
| — taille, *f.*; | tailles. |

Le sens de ces trois mots en règle facilement l'orthographe. Il en est ainsi de *haute-futaie, haute-paie, haute-lice*, des *hautes-lices* de grand prix.

| | |
|---|---|
| Mezzo-termine, *m.*; | des mezzo-termine. |
| — tinto, *m.*; | — tinto. |

Ce sont des mots italiens, qu'on ne peut pluraliser tant qu'on ne leur a pas donné des finales françaises.

---

(1) Jugez d'après cette analogie les *haut-le-corps*, les *haut-le-pied.*

| | |
|---|---|
| Mi-août (la), | des mi-août. |
| — carême (la), | — carêmes. |

Ici se présente d'abord deux difficultés, et celle du genre et celle du nombre; il faut dire nécessairement que *mi* est pour *demi* pris, pour signifier *une demi partie*, ou *moitié;* et puis il faut se hâter de remarquer qu'ici *mi* n'exprime point une moitié toute entière, mais la dernière partie qui complète une moitié. *Nous avons bien passé ces deux mi-août*, c'est-à-dire la fin de ces deux premières quinzaines ou moitiés de mois d'août; on écrira cependant avec la marque du pluriel: *voilà deux belles mi-carêmes, que nous venons de passer;* car on pluralise les carêmes et non point les noms de mois.

| | |
|---|---|
| Mi-corps (à),<br>— côte (à),<br>— jambes. (à) | Ces mots ne s'emploient que précédés de *à*. |

Dans ces trois mots et semblables, c'est la même analogie que pour les deux précédents: *prendre un homme à mi-corps*, ce n'est point en prendre une moitié toute entière, mais c'est le prendre par l'endroit qui le divise en deux moitiés.

L'Académie écrit d'abord *à mi-jambes* ou *jusqu'à mi-jambes*, puis elle donne pour exemple, *il a de l'eau jusqu'*À MI-JAMBE. On croirait que c'est une faute d'impression, si dans mille autres cas elle ne répétait la même marche. On dit bien d'une dame qu'elle *a la jambe fine*, parce qu'une seule suffit pour modèle. Mais on ne dit point d'un homme qui traverse un ruisseau ou une rivière, *il a la jambe dans l'eau*, *mais il a les jambes dans l'eau;* il a donc de l'eau jusqu'à moitié des jambes, ou *jusqu'à mi-jambes.*

| | |
|---|---|
| Mille-fleurs, *f.;* | des mille-fleurs. |
| — pieds, *m.;* | — pieds. |

Quoique l'Académie orthographie ainsi ces deux

mots et que *mille* pût motiver cinq-cents pluriels, elle écrit *mille-feuille* au singulier. Les Latins disent, il est vrai, *millefolium*, mais ils le prennent pour un mot unique et n'y mettent point le tiret. Il faut écrire *millefeuille* ou *mille-feuilles*, selon qu'on en fait un seul ou deux mots.

| | |
|---|---|
| Oui-dire, *m.*; | des oui-dire. |

C'est-à-dire *une nouvelle* ou *des nouvelles qu'on a* OUI-DIRE.

| | |
|---|---|
| Petit-lait, *m.*; | des petits-laits. |
| — maître, *m.*; | — maîtres. |
| — neveu, *m.*; | — neveux. |
| petite-nièce, *f.*; | petites-nièces. |

Il en est de ces composés de *petit* et de *petite*, et autres, comme de ceux de *grand* et de *grande*, excepté que *petite* n'est point sujet à l'apostrophe.

Quoique *petit-lait* ne s'emploie guère qu'au singulier, cependant si l'on parlait de *divers petits-laits*, il faudrait pluraliser.

| | |
|---|---|
| Plain-chant, *m.*; | des plains-chants. |

Y a-t-il divers *plains-chants* dans les diverses églises de l'Europe?

| | |
|---|---|
| Plat-bord, *m.*; | des plats-bords. |
| — pied, *m.*; | — pieds. |
| plate-bande, *f.*; | plates-bandes. |

Ainsi de suite de tous les *plat* et *plate* possibles.

| | |
|---|---|
| Prud'homme, *m.*; | des prud'hommes. |
| quinze-vingts, *m.*; | quinze-vingts. |

On disait autrefois *quinze-vingts*, pour désigner *quinze vingtaines* ou trois cents. *Un quinze-vingts* est un aveugle placé dans l'hôpital des quinze-vingts, ou trois cents aveugles. Nous devons avertir cependant pour l'instruction publique, que l'Académie écrit *hôpital des quinze-vingts* et *un quinze-vingt*.

Revenant-bon, *m.*; | des revenant-bon.

On dit *j'ai eu dix francs de bon*, ou *il m'est revenu dix francs de bon*. Ainsi *des revenant-bon* sont *des choses revenant ou qui reviennent de bon*.

Rouge-gorge, *m.*; | des rouges-gorges.

C'est la partie pour le tout comme dans *coiffe-jaune*, etc.

Sage-femme, *f.*; | des sages-femmes.
saint-augustin, *m.*; | saint-augustin.

Le caractère Saint-Augustin est celui avec lequel était imprimé St.-Augustin. Un imprimeur a souvent plusieurs *Saint-Augustin*, c'est-à-dire plusieurs sortes de caractères de Saint-Augustin.

Sainte-barbe, *f.*; | des saintes-barbes.

*La sainte-barbe* est l'endroit du vaisseau où l'on tient la poudre; deux *saintes-barbes ont sauté*. C'est le nom de la sainte pour le lieu qu'elle occupe, ou qui est censé lui appartenir, c'est ainsi que Virgile a dit : *Ucalégon brûle*, pour *la maison d'Ucalégon brûle*.

Sauf-conduit, *m.*; | des saufs-conduits.

Un *sauf-conduit* est un papier qui assure que *quelqu'un* ou *quelque chose est conduit sain et sauf*. On a pris l'objet *sauf-conduit* pour le papier, c'est la chose signifiée pour le signe, ou c'est l'effet pour la cause. C'est au contraire en prenant le signe pour la chose signifiée qu'on a dit :

Le trident de Neptune est le sceptre du monde.

Il serait bien plus simple de faire disparaître le tiret, et d'écrire un *saufconduit*, des *saufconduits* sans s'inquiéter si le mot vient d'Auteuil ou de Pontoise.

Toute-bonne, *f.*; | des toute-bonnes.
— épice, *f.*; | — épice.
— saine, *f.*; | — saines.

*Des toute-épice* sont des plantes qui, comme une seule *toute-épice*, ont le goût de *l'épice*; épice doit donc rester invariable.

L'adjectif *toute* nous paraît employé par euphonie pour *tout* pris dans le sens de *totalement* : on écrira donc des *toute-bonnes*, *toute-saines*, c'est-à-dire, des plantes totalement bonnes. C'est ainsi qu'on écrit *une reine toute-puissante*, *des reines toute-puissantes*. C'est d'après la même analogie qu'on a un *roi tout-puissant*, des *rois tout-puissants*.

Nous regrettons encore ici qu'on n'ait pas fait disparaître le tiret. On eût écrit sans tant d'arguments une *toutebonne*, une *toutepice*, etc. des *toutebonnes*. Mais tant que le tiret subsiste, c'est le sens partiel des mots qui règle l'orthographe.

| | |
|---|---|
| Vert-de-gris, *m.*; | des verts-de-gris. |

Il y a différents *blancs*, différents *verts*.

| | |
|---|---|
| Volte-face, *f.*; | des voltes-faces. |

## III. ORDRE.

### *Mots réunis, dont le premier est verbe.*

On verra que les verbes qui entrent en composition ne varient jamais. Ils sont toujours à la troisième personne du singulier. Le mot qui suit se met au singulier ou pluriel selon le sens,

| | |
|---|---|
| Abat-jour, *m.*; | des abat-jour. |
| appui-main, *m.*; | appui-main. |
| boute-en-train, *m.*; | bout-en-train. |
| boute-feu, *m.*; | boute-feu. |

C'est comme s'il y avait des bois qui *abat*tent le *jour* : des bois, (espèce de baguettes) dont se servent les peintres pour *appuyer* la *main* qui tient le pinceau; des hommes qui *boutent* ou mettent *en train*, qui boutent ou mettent le *feu*.

Ecrivez d'après la même analogie des *abat-faim*, etc.

| | |
|---|---|
| Brise-cou, *m.*; | des brise-cou. |
| — scellé, *m.*; | — scellé. |

On dit qu'une ou plusieurs personnes se sont *brisé* ou *cassé le cou*, qu'on a brisé le *scellé*. C'est donc d'après l'analogie de *brise-cou* qu'il faut écrire des *brise-glace*, des *brise-raison*, des *brise-vent*, etc.

| | |
|---|---|
| Caille-lait, *m.*; | des caille-lait. |

Il y a deux *caille-lait*, le *caille-lait blanc* et le *caille-lait jaune*, ce sont deux plantes qui *caillent* le *lait*.

| | |
|---|---|
| Casse-cou, *m.*; | des casse-cou. |
| — cul, *m.*; | — cul. |
| — mottes, *m.*; | — mottes. |
| — noisettes, *m.*; | — noisettes. |
| — noix, *m.*; | — noix. |

Les deux premiers restent nécessairement au singulier. Car on dit de plusieurs, comme d'un seul *se casser le cou*, etc. Mais les trois derniers instruments servent au singulier comme au pluriel à *casser* des *mottes*, des *noisettes* et des *noix*.

Chasse-chiens, *m.*,<br>— cousin, *m.*;<br>— marée, *m.*;<br>— mouches, *m.*; } le pluriel est semblable.

Un *chasse-chiens* est celui qui *chasse les chiens* de l'église; du *chasse-cousin* est du méchant vin qui chasse le prétendu *cousin*, l'empêche de revenir. (1)

Un *chasse-marée*, dit l'Académie, est un voitu-

---

(1) Si l'on avait écrit un *chasse-cousins*, on aurait pu croire qu'il était question de l'insecte de ce nom.

tier qui apporte la *marée*, l'Académie dit aussi *marée fraîche*, *vendeur de marée*. Comment a-t-elle donc pu écrire : les huîtres que les *chasse-marées* apportent ? Qu'importe le nombre des voituriers ? C'est toujours de la marée qu'ils apportent. Elle écrit un *gobe-mouches*, et en effet, c'est un homme *qui gobe les mouches*; et elle écrit un *chasse-mouches*, tout en le définissant un balai avec lequel on chasse les mouches. Il faut espérer que la nouvelle édition de ce grand repertoire d'oracles ne reproduira point tant de contradictions, tant de fautes contre l'idéologie.

| | |
|---|---|
| Chauffe-cire, *m.*; | des chauffe-cire, |
| chausse-pied, m.; | chausse-pied. |

Des *chauffes-cire*; sont des officiers de la chancellerie qui *chauffent la cire*, des *chausse-pied* sont de longs morceaux de cuir qui servent à chausser plus facilement un soulier.

Claque-oreilles, *m.* | des claque-oreilles.

Si, comme le dit l'Académie, son *claque-oreille* est un chapeau dont les bords sont pendants et se soutiennent peu, il faut écrire *claque-oreilles*, car c'est un chapeau dont les bords pendants *claquent les oreilles*.

| | |
|---|---|
| Coupe-gorge, *m.*; | le pluriel est semblable. |
| — jarret, *m.*; | |
| — pâte, *m.*; | |
| — tête, *m.*; | |

Car on dit *couper la gorge*, *couper le jarret*, *couper la pâte*. Le mot *coupe-tête* désigne un jeu que font les enfants en se sautant par-dessus la *tête* les uns des autres. L'Académie écrit un *coupe-jarret* et des *coupe-jarrets*, cependant s'il s'agissait du nombre des jarrets, un seul quelquefois ferait en ce genre plus d'ouvrage que quatre, et tel serait un *coupe-jarrets*, tandis que quatre autres ne seraient que des *coupe-*

*jarret.* Comme autrefois l'on disait: on leur *a percé* ou *coupé la langue*, on dit on *leur a coupé le jarret.*

| | |
|---|---|
| Couvre-chef, *m.*; | des couvre-chef. |
| — feu, *m.*; | — feu. |
| — pieds, *m.*; | — pieds. |
| — plat, *m.*; | — plats. |

Comment l'Académie, qui définit le troisième mot une couverture qui sert à couvrir les pieds, peut-elle écrire *un couvre-pied?*

| | |
|---|---|
| Crêve-cœur, *m.*; | des crêve-cœur. |
| cure-oreilles, *m.*; | des cure-oreilles. |
| — pieds, *m.*; | — pieds. |

Si l'on supprimait le tiret on écrirait *un cure-oreille*, *un curepied*, comme l'on a déjà écrit un *curedent*, mais tant que le signe de séparation subsiste, il faut suivre la loi des sens partiels, ou renoncer à toute espèce d'idéologie.

| | |
|---|---|
| Dompte-venin, *m.*; | des dompte-venin. |
| essuie-mains, *m.*; | essuie-mains. |

Un *essuie-main* dit l'Académie, est un linge pour essuyer les mains.

| | |
|---|---|
| Frippe-sauce, *m.*; | des frippe-sauce. |
| gagne-denier, *m.*; | gagne-denier. |
| — pain, *m.*; | — pain. |
| — petit, *m.*; | — petit. |

Il n'y a pas plus de raison d'écrire un *gagne-denier* que des *gagne-denier*, car s'il s'agissait du nombre plutôt que de l'espèce, un seul homme pourrait être appelé *gagne-deniers*. Ainsi à quelque parti qu'on se décide, le singulier et le pluriel doive avoir la même orthographe.

| | |
|---|---|
| Garde-bois; | des garde-bois. |
| — boutique; | — boutique. |

Qu'importe qu'il y ait une ou plusieurs étoffes, qui soient de peu de débit; elles *gardent* également la *boutique*. On ne dirait point, *j'ai cinq ou six étoffes qui gardent les boutiques.*

| | |
|---|---|
| Garde-feu, *m.*; | des garde-feu. |
| — fous, *m.*; | — fous. |
| — note, *m.*; | — note. |

Un *garde-fous* empêche que les fous ou les étourdis ne tombent de dessus un pont, une terrasse.

Mais on dit *prendre note*, *tenir note*, on dira donc aussi *garder note*, d'où *garde-note*.

On devrait écrire sans tiret une *garderobe*, un *gardemeuble*, des *garderobes*, des *gardemeubles*. On ferait ainsi disparaître le ridicule que présente l'orthographe usuelle de *garde-meuble*, de *garde-robe*, qui désignent un endroit où l'on garde les robes, un endroit où l'on garde les meubles.

| | |
|---|---|
| Gâte-métier, *m.*; | des gâte-métier. |

C'est-à-dire une ou plusieurs personnes qui gâtent le métier.

| | |
|---|---|
| Gobe-mouches, *m.*; | des gobe-mouches. |
| grippe-sou; | grippe-sou. |

Des *grippe-sou* sont des gens d'affaires qui moyennant *le sou pour livre*, c'est-à-dire une très-légère remise reçoivent les rentes. Cette dénomination a reçu ensuite une plus grande extension, on dit: *il sont si ladres, qu'ils se feraient fustiger pour un sou.*

| | |
|---|---|
| Hausse-col, *m.*; | des hausse-col. |

Un *hausse-col*, dit l'Académie, est une plaque que les officiers d'infanterie portent au-dessous du cou. On écrit, ajoute-t-elle, des *hausse-cols*. Ce seraient donc des plaques que les officiers portent *au-dessous des cols* ou *des cous*; ce qui est contraire à la définition donnée. Si l'on veut absolument que *hausse-col* ait une marque distinctive au pluriel, qui empêche d'écrire des *haussecols* sans tiret?

| | |
|---|---|
| Lave-mains, *m.*; | des lave-mains. |
| lèse-majesté, *m.*; | » |

On se *lave les mains*, plusieurs crimes peuvent *léser la majesté*, d'un ou de plusieurs rois. C'est toujours la majesté, la dignité souveraine qu'ils lèsent.

| | |
|---|---|
| Passe-droit, *m.*; | des passe-droit. |
| — parole, *m.*; | — parole. |
| — partout, *m.*; | — partout. |
| — port, *m.*; | — port. |

Domergue écrit aussi des *passe-port*. En effet un ou plusieurs *passe-port* sont également des papiers pour *passer le port*. Les *passe-ports* de l'Académie n'appartiennent pas à une meilleure idéologie que ses *hausse cols*, ses *chasse-marées*, car il s'agit en tout celà de *hausser* le cou, d'apporter *la marée*, de *passer* le *port* ou son chemin, soit qu'on soit seul ou plusieurs.

| | |
|---|---|
| Perce-neige, *m.*; | des perce-neige. |
| — pierre, *m.*; | — pierre. |

Ce sont des plantes qui *percent* la *neige*, qui *percent* la *pierre*.

| | |
|---|---|
| Pèse-liqueurs, *m.*; | des pèse-liqueurs. |

C'est, dit l'Académie, un instrument par le moyen duquel on découvre la pesanteur des liqueurs. Il faut écrire *un pèse-liqueurs*, ou sans tiret *pèseliqueur*.

| | |
|---|---|
| Pince-maille, *m.*; | des pince-maille. |

*Maille* était une petite monnaie au-dessous du denier. *Trois sous, deux deniers et maille; il n'a ni sou ni maille: ils ont toujours maille à partir ensemble.* ACAD. *des pince-maille* sont donc des personnes qui *pincent*, qui ne négligent pas une *maille*. Ainsi les *pince-maille* sont de deux ou trois degrés plus ladres, plus avides que les *grippe-sou*.

| | |
|---|---|
| Pique-chasse, *m*.; | des pique-chasse. |
| — nique, *m*.; | — nique. |

Les Allemands ont aussi leur *picknick*, qui a le même sens que le nôtre. *Picken* signifie *piquer*, *bequeter*. Un homme qui *pique les tables*, dit l'Académie, est celui qui va souvent manger chez ceux qui tiennent table. *Nicken* signifie *faire signe de la tête*. Des *pique-nique* sont donc des repas où ceux *qui piquent* font signe de la tête qu'ils paieront. Il n'y a pas même de doute que notre *nuque* ne vienne du *genick* ou *nacken* des Allemands, qui signifie ressort du cou ou nuque. *Pique-nique* est donc comme *passe-passe* un composé de deux verbes, il est dans l'analogie de cette phrase *qui touche mouille*. Cependant l'Académie écrit *faire des tours de passe-passe*, tandis qu'elle *fait plusieurs pique-niques dans le même mois*. Ce sont des actes d'autorité auxquels heureusement les idéologistes ne se croient pas obligés de se soumettre.

Porte-aiguille, *m*.;
— baguette, *m*.;
— bougie, *m*.;
— brosse, *m*.;
— dieu, *m*.;
— drapeau, *m*.;
— épée, *m*.;

NOTA. L'Académie écrit sans s, tant au pluriel qu'au singulier tous les composés de *porte*, excepté un *porte-mouchettes* et quatre autres mots peu usuels.

Or, en cela elle n'a pu être dirigée que par l'idéologie des mots partiels.

*Les porte-aiguille* sont des instruments qui *portent* ou allongent *une aiguille*. Ils n'en portent, ils n'en allongent jamais qu'une à la fois. Ils portent *l'aiguille* plutôt que la *bougie*, que la *pierre infernale*. Il ne s'agit point dans ces mots et semblables du nombre des choses, mais de l'espèce de la chose portée. C'est ainsi qu'on dit de plusieurs: *ils portent la haire, ils portent l'épée, ils portent perruque*, etc.

| | |
|---|---|
| Porte-lettres, *m*.; | des portes-lettres. |

| | |
|---|---|
| Porte-manteau, *m.*; | des porte-manteau. |
| — manteau, *m.*; | — manteaux. |
| — manteaux, *m.*; | — manteaux. |
| — mouchettes, *m.* | — mouchettes. |

L'Académie, qui écrit un *porte-mouchettes*, un *porte-rames*, parce qu'un seul objet *porte les mouchettes*, et non la *mouchette*, les *rames* et non la *rame*, écrit un *porte-lettre* sans *s*. Cependant c'est un étui qui, selon elle-même, sert à *porter les lettres*.

Si l'on cousulte le sens des mots partiels, il y a des *porte-manteau*, espèce d'officiers de la famille royal qui portent manteau devant le roi, devant les princes.

Il y a des sacs de cuir, destinés à porter les manteaux. Un seul de ses sacs n'en porte ordinairement qu'un; mais on ne dirait pas d'un soldat qui porte le manteau de son capitaine et de son lieutenant, qu'il porte le manteau, mais les manteaux de ces officiers.

Il y a aussi un morceau de bois attaché à une muraille, où l'on a coutume de pendre les habits. Acad. Or, c'est là un *porte-habits*, un *porte-manteaux*. Qu'on supprime le tiret, comme on a déjà fait, dans *portecrayon*, *portecollet*, *portefeuille*, et toute difficulté disparaît.

| | |
|---|---|
| Pousse-cul, *m.*; | des pousse-cul. |
| Relève-moustache, *m*; | relève-moustache. |
| Réveille-matin, *m.*; | réveille-matin. |

Le sens de ces mots en règle facilement l'orthographe, on dit : *relever la moustache* à une ou à plusieurs personnes.

| | |
|---|---|
| Savoir-faire, *m.*; | des savoir-faire. |
| — vivre, *m.*; | — vivre. |

Il y a différents *savoir-faire*, différents *savoir-vivre*.

| | |
|---|---|
| Serre-file, *m.*; | des serre-file. |
| — papiers, *m.*; | — papiers. |
| — tête, *m.*; | — tête. |
| souffre-douleur, *m.* | souffre-douleur. |
| tâte-vin, *m.*; | tâte-vin. |

Un *serre-file*, est le dernier de la file, des *serre-file* sont par conséquent les derniers de chaque file et non les derniers des files.

| | |
|---|---|
| Tire-balle, *m.*;<br>— botte, *m.*;<br>— bouchon, *m.*;<br>— bourre, *m.*;<br>— laisse, *m.*;<br>— moelle, *m.*;<br>— pied, *m.*; | Nota. L'Académie met un *s* au pluriel des trois premiers. Cependant un *tire-bouchon* peut, comme deux de ces instruments, tirer plusieurs bouchons. Elle est muette sur tire-pied. |

Des *tire-laisse* sont des objets que l'on *tire* et qu'on *laisse*. Des *tire-bourre*, des *tire-moelle* sont des instruments pour tirer la bourre, pour tirer la moelle.

| | |
|---|---|
| Trousse-galant, *m.*;<br>— queue, *m.*;<br>— quin, *m.*;<br>Va-tout, *m*; | Assurez-vous du sens de ces mots et écrivez-les en conséquence. |

| | |
|---|---|
| vide-bouteilles, *m.*; | des vide-bouteilles, |

Il n'est pas probable que cette dernière dénomination ait été affectée à celui qui ne boit qu'une bouteille, mais à celui qui en vide plusieurs.

## IV. ORDRE.

*Mots réunis, dont le premier est de sa nature invariable, (adverbe ou préposition etc.)*

| | |
|---|---|
| Arrière-petite-fille, *f.* | des arrière petites-filles. |
| — saison, *f.*; | — saisons. |
| — vassal, *m.*; | — vassaux. |
| avant-bec, *m.*; | des avant-becs. |
| — cour, *f.*; | — cours. |
| — coureur, *m.*; | — coureurs. |
| — faire-droit, *m.* | — faire-droit. |

Ce dernier mot est un abrégé de *avant de faire droit.* Il serait inutile de rapporter ici tous les composés d'*arrière* et d'*avant.* Ils sont faciles à juger.

| | |
|---|---|
| Bien-aimé, *m.*; | des bien-aimés. |
| — être, *m.*; | — être. |

Il y a différents *bien-être*, qui ne se rassemblent nullement, c'est-à-dire différentes manières d'*être bien.*

| | |
|---|---|
| Co-état, *m.*; | des co-états. |
| — évêque, *m.*; | — évêques. |

Dans tous les autres composés de *co* le tiret a disparu, *coadjuteur*, *coexistence*, etc.

| | |
|---|---|
| Contre-allée, *f.*; | des contre-allées. |
| — amiral, *m.*; | — amiraux. |
| — cœur, *m.*; | — cœurs. |

On dit faire *une chose à contre-cœur.* En ce sens, ce mot ne s'emploie que dans cette sorte de phrase, mais il y a un *contre-cœur*, des *contre-cœurs* de cheminée, plaques de fer pour renvoyer la chaleur.

| | |
|---|---|
| Contre-coup, *m.*; | des contre-coups. |
| — danse, *f.*; | — danses. |

On prétend que ce dernier mot vient de l'anglais, *country-dance*, danse de la contrée ou du pays. Originairement, dit l'Académie, les contredanses sont des danses de village. Mais que ce soient des danses contre des danses, ou des danses de village, l'orthographe est la même.

Contre-poison, *m*,; | des contre-poison.

Un *contre-poison*, dit l'Académie, est un remède qui empêche l'effet du poison, et copiant un apophtègme des empiriques, elle ajoute, *la thériaque est un excellent contre-poison*. Elle se tait prudemment sur le pluriel de ce mot. Certainement la thériaque et autres vrais ou prétendus antidotes ne sont point des poisons employés contre le poison. Ainsi tant que le tiret subsiste, on doit écrire *contre-poison* au pluriel comme au singulier, car le même antidote peut servir également contre un ou plusieurs poisons.

Contre-vérité, *f*.; | des contre-vérités.

Quand on dit d'un poltron *qu'il est brave*, c'est une contre-vérité, c'est-à-dire une vérité qui n'est telle qu'autant qu'elle est prise dans un sens opposé à celui de son énonciation. Il y a, dit l'Académie, des gens qui ne louent et qui ne blâment pas par *contre-vérités*. Jugez d'après l'analogie des différentes analyses ci-dessus tous les autres composés de *contre*, tels que *contre-ruse*, *contre-poil*, *contre-seing*, etc. Déjà on a supprimé le tiret dans *contrefaçon*, *contrefaction*, *contrebande*, etc.

Cric-crac, *m*.; | des cric-crac.

C'est une onomatopée, c'est-à-dire un mot dont le son est imitatif de la chose qu'il signifie. *Trictrac* est ainsi formé, mais *tric* et *trac* étant sans tiret, on écrit au pluriel des trictracs.

Entr'actes, *m*.; | des entr'actes.
entre-côtes, *m*.; | entre-côtes.

Le premier désigne l'intervalle qui est entre deux *actes* d'un drame; le second, un morceau de viande coupé entre deux *côtes;* ACAD. Il faut donc écrire *un entr'actes, un entre-côtes*, ou faire disparaître le tiret comme dans *entremise, entrefaite*, etc. et écrire un *entracte*, un *entrecôte.*

Hors-d'œuvre, *m.*; | des hors-d'œuvre.

*Hors-d'œuvre* avec un tiret se dit d'un certain petit plat qu'on sert avec les potages et avant les entrées, avant que les convives se mettent à l'œuvre. Dans un seul repas, dans la même œuvre qui ne commence proprement qu'au premier service, on sert souvent plusieurs de ce petits-plats. Ce sont des *hors d'œuvre,* que, *nota bene,* l'Académie écrit *hors-d'œuvres.*

Mal-être, *m.*; *voy.* bien-être.

L'Académie supprime le tiret dans *malaise,* ce qui est en effet beaucoup plus commode.

Non-valeur, *f.*; | des non-valeurs.

Ce *non* n'influe point sur le nombre du substantif.

Post-scriptum, *m.*; | des post-scriptum.

*Post-scrtptum* est le rapprochement de deux mots latins, dont le dernier au pluriel ferait *scripta.* Des *post-scriptums* ne seraient donc ni latin ni français.

| | |
|---|---|
| Quasi-contrat, *m.*; | des quasi-contrats. |
| — délit, *m.*; | — délits. |
| sans-prendre, *m.*; | sans-prendre. |
| sous-arbrisseau, *m.*; | sous-arbrisseaux. |
| — bail, *m.*; | — baux. |
| — multiple, *ad.*; | — multiples. |
| — ordres, *m.*; | — ordres. |

Un *sous-ordre*, dit l'Académie, est celui qui est soumis aux ordres d'un autre, c'est dire le pour et le contre dans la même phrase. Domergue écrit un *sous-ordres ;* on écrira au contraire des *sous-barbe* sans *s*, même au pluriel.

Les autres composés de *sous* ne peuvent offrir de difficulté.

Sur-arbitre, *m*, ; | des sur-arbitres.

Tu-autem.

C'était vraiment le *tu-autem* d'atteindre ce dernier mot, qui non seulement est le dernier de ce laborieux dictionnaire, mais de tout notre traité d'orthographe d'usage. Combien de fois n'avons-nous pas été tenté en route de réciter la phrase latine toute entière : *tu autem, domine.* Quelquefois il n'était pas facile d'asseoir un jugement plausible, et nous sommes loin de croire que nous ayons toujours réussi à bien appliquer le principe suivant :

## PRINCIPE UNIQUE

***Pour bien écrire tous les mots réunis par des tirets.***

Dans les mots réunis par des tirets, c'est toujours la nature et le sens des mots partiels qui décident l'orthographe.

---

# TRAITÉ COMPLET
## DU GENRE DES SUBSTANTIFS.

---

La connaissance de l'orthographe et celle du genre des substantifs se prêtant un secours réciproque, nous n'avons pû placer nulle part d'une manière plus avantageuse qu'à la suite de notre traité d'orthographe celui du genre des substantifs.

PROBLÊME:

*Étant donné un mot quelconque de la langue usuelle* (1), *dire aussitôt, sans recourir au dictionnaire, si ce mot est masculin ou féminin:* tel est le problême que nous allons complètement résoudre.

SOLUTION:

L'abbé Girard, le père Chiflet, et l'abbé Lévizac ont donné des traités du genre; mais ces traités

---

(1) La langue usuelle se compose de tous les mots contenus dans le Dictionnaire de l'Académie. Nos règles les comprendront tous, excepté quelques termes d'ornithologie, d'ichtyologie, d'anatomie.... qui s'apprennent avec les sciences auxquelles ils appartiennent.

Nous suivrons ici comme ailleurs notre division accoutumée. Le 1° donnera la liste des mots isolés ou monogènes; le 2°, les oligogènes, c'est-à-dire les règles particulières; le 3°, les règles générales. Ainsi lorsqu'un mot donné quelconque ne sera ni dans la grande liste des monogènes, ni soumis à l'une des règles particulières, il sera jugé *polygène*, et s'écrira selon la grande analogie.

*

sont extrêmement incomplets. Il n'est pas rare d'y trouver ce désolant refrein : *Il faut excepter tel ou tel mot, et autres que l'usage apprendra.* D'ailleurs, ils sont si longs, si compliqués de règles, d'exceptions, et de sur-exceptions, que ce sont comme des espèces de labyrinthes où l'on se perd.

Urbain Domergue, dans son manuel des étrangers, a cru devoir faire le même travail. La marche qu'il suit est claire et bien ordonnée. Il montre non seulement le genre des noms, mais il y joint des exemples très-intéressants, et une critique fort judicieuse. Il a consacré à ce travail 170 pages in-8°, où il examine successivement près de cinq cents terminaisons.

Le genre d'analyse que nous nous sommes fait nous a donné d'autres moyens d'arriver au même résultat; et quelques pages doivent contenir un traité du genre, aussi complet qu'il est possible de le désirer.

On pense vulgairement qu'il n'y a que l'usage qui puisse donner la connaissance du genre. Mais quelles lenteurs entraîne cette voie, et à quelles hésitations elle condamne!

On dit que les Chinois les plus lettrés meurent avant d'avoir su tout l'alphabet de leur langue. On en peut dire autant des Français les plus habiles, par rapport au genre des substantifs. Mais telle est la puissance de l'analyse, qu'après quelques jours d'exercice sur notre traité, il n'est pas un mot dont un enfant de douze ans ne puisse connaître le genre.

## I°.

### OU LISTE DES MOTS ÉPARS OU MONOGÈNES.

NOTA. *Les mots féminins sont en italique et suivis d'un f.; les autres sont masculins.*

A.

Abaque.
achores.
acousmate.
acre,
acrostiche,
acte, adiante,
adminicule,
aigle, (1)
*alarme, f.*
*albugo, f.*
*allèges, f.*
alvéole,
*ambages, f. pl.*
ambe, amble,
ambre, *ame, f.*
*amertume, f.*
*améthyste, f.*
amiante,
*amitié, f.*
*amours, f.* (2)
amulette,
*anagramme, f.*
analectes.
angle, (3)
animalcule.
antidote,
antimoine.
antipode,
aparté,
aphélie,
aphte, apogée,
apographe,
apologue,
araxe, arbre,
*argile, f.*
*arme, f.*
aromate,
arrêté,
*artère*, f.
ascarides,
aspre,
astérisque,
astragale,
athénée,
*atrabile*, f.
*avarice*, f,
averne, auge,
augure,
automate,
automne, axe.

B.

Bagne,
*baliste*, f.
basalte,

(1) *Aigle*, pris pour l'oiseau de ce nom, et au figuré est masculin : *un aigle impétueux, Pindare était un aigle*. Mais on dit *les aigles romaines, l'aigle impériale.*

(2) On dit au pluriel *il n'y a point de laides amours.* Mais au singulier *amour* est masculin; il l'est aussi au pluriel dans cette phrase et semblables : *Les petits Amours voltigent autour de Vénus.*

(3) Et composés.

*batiste*, f.
*bauge*, f.
bécarre,
béjaune,
bénédicité,
*bergame*, f.
*bernacle*, f.
*besicles*, f. *pl.*
beurre,
bièvre,
*bile*, f.
*birème*, f.
biseigle:
*bistre*, f.
*boisson*, f.
bonheur,
borée,
bosphore,
*boucle*, f.
branle,
*brume*, f.
buffle.

C.

Câble,
cadavre,
cadre,
caducée,
*cage*, f,
calibre,
calque,
calville,
camée,
camphre,
cancre,
candélabre,
cantique,
capitole,
capricorne.
capuce,
carosse,
carpe, (4)
casque, *caste*, f.
catafalque,
*cataire*, f.
catalectes,
catalogue,
catarrhe,
*catilinaire*, f.
caustique,
cénotaphe,
cerne, *chaire*, f.
chambranle,
chancre,
change,
*chanson*, f.
chanvre,
*chartre*, f.
*chaux*, f.
chiffre,
*chiourme*, f.
chœur,
chorée,
chose, (5)
ciboire,
*cicatrice*, f.
cidre, cierge,
*cime*, f.
cimeterre,
cimetière,
cinabre, cippe,
*circulaire*, f.
cirque,
cistophore,
*clef*, f.
cloaque,
*cloison*, f.
coche
(*voiture d'eau*),
cocyte.
code, codicille,
codille,
cœur,
coffre, colisée,
colloque,
collyre,
colosse,
colisée.
colure,
comble,
comestible,
comité,
commerce,
compte,
compulsoire,

(4) *Carpe*, partie de la main, est masculin; *carpe*, poisson, est féminin.

(5) *Quelque chose*, signifiant *une certaine chose*, est masculin, quelque chose m'est *arrivé*, Hors de là, il est du féminin, *quelque chose qu'il ait faite*.

comté,
conciliabule,
conclave,
concombre,
*concourme*, f.
cône, conge,
congre, conte,
contrôle,
conventicule,
corpuscule,
corymbe,
coryphée, côté,
cothurne,
coude,
couple, (6)
*cour*, f.
*coutume*, f.
crabe, crâne,
*crême*, f.
crêpe, (7)
crépuscule,
crible,
*croix*, f.
cromorne,
cube,
*cuiller*, f.
*cuisson*, f.
culte, cygne,
cylindre.

D.

Danube,
*dartre*, f.
*débacle*, f.
déboire,
décalogue,
décombres,
*décrottoire*, f.
dédale,
délice, (8)
délire,
délivre,
démérite,
*dent*, f.
*dentaire*, f.
*dentelaire*, f.
déshonneur,
désordre,
*dextre*, f.
diacode.
dialecte,
dialogue,
dièse,
*dîme*, f.
diocèse,
disque,
distique,
dithyrambe,
dividende,
divorce,
dogue,
domaine,
*dot*, f. doute,
*dragme*, f.

E.

*Eau*, f. èbre,
*écritoire*, f.
*écume*, f.
ellébore,
élysée,
émétique,
empire,
empirée,
*énallage*, f.
*enclume*, f.
encombre,
*enfant*, f. (9)
*énigme*, f,
ensemble,
*entame*, f.
*épice*, f.
*épigramme*, f.
*épitoge*, f.
épilogue,
épisode,
*épitre*,

---

(6) *Couple* est masculin, lorsqu'il désigne deux êtres unis par l'amour ou le mariage, *voilà un beau couple*. Hors de là, on dit : *une couple d'œufs*, *une couple de chapons*.

(7) *Crêpe*, sorte d'étoffe, est masculin; *crêpe*, sorte de pâte, est féminin.

(8) *Délice*, au singulier, est masculin, *c'est un délice*; au pluriel, *ce sont mes plus chères délices*.

(9) On dit d'une fille *une belle enfant*, et d'un garçon *un bel enfant*.

équilibre,
équinoxe,
érèbe,
érysipèle,
*escarboucle*, f.
esclandre,
*escrime*, f.
espace,
*estame*, f,
*estime*, f.
évangile, (10)
*eupatoire*, f.
euphorbe,
Euphrate,
exemple, (10)
exergue,
exode,
exorde.

F.

*Façon*, f.
*faim*, f.
*faux*, ou *faulx*, f.
*fenêtre*, f.
*ferme*, f.
feure,
fiacre,
file,
filigrane,
*fin*, f,
*flamme*, f.
fleuve,
*foi*, f.
foie,
*fois*, f.
*foison*, f.,
*forêt*, f.
*forme*, f.
foudre, (11)
*frime*, f.
*fuste*, f.
*fourmi*, f.

G.

*Game*, f.
gange,
*garnison*, f.
génie,
genièvre,
genre,
*gens*, (12)
*gent*, f.
gingembre,
girofle, gîte,
gîvre (*gelée*),
glaire,
glaive,
globe,
globule,
*glu*, f.
golfe,
*gomme*, f.
gouffre,
*gouge*, f.
*gourme*, f.
grade,
*grammaire*, f.
greffe, (13)
grimoire,
groupe,
*guérison*, f.
*guêtre*, f.

---

(10) *Evangile* est toujours masculin, il faut laisser aux enfants de chœur, *la dernière évangile*, *une belle hymne*; et aux maitres d'écriture, *de belles exemples*.

(11) *Foudre* n'est masculin que lorsqu'il désigne *un foudre de guerre*, *un foudre d'éloquence*; pris pour la foudre, il est féminin, sauf le droit des poëtes.

(12) *Gent* est toujours féminin au singulier, *la gent écolière*. Au pluriel, il est masculin ou féminin selon l'analogie des phrases suivantes : *vos gens sont bavards*, *je les ai vus, tous ces honnêtes gens.*

*Ces bonnes gens sont tous bavards; toutes les vieilles gens sont soupçonneux.*

(13) *Le greffe* d'un tribunal, *la greffe* d'un arbre.

guide, (14)
gymnase,
gynécée,
gypse.

H.

*Haire*, f.
hâle,
*hart*, f.
hâvre,
hèbre,
héliotrope,
hémisphère,
hémistiche,
hère,
hiéroglyphe,
*histoire*, f.
hombre,
honneur,
*horloge*, f.
horoscope,
*huile*, f.
*huître*, f.
hydaspe,
hyménée,
hymne,
hypallage,
hypocondre.

I.

Iambe, *île*, f.
*image*, f.
immeuble,
*immondices*, f.
incendie,
indicule, Indre,
*injustice*, f.
*inimitié*, f.
insecte,
interligne,
intermède,
intervalle.
ivoire.

J.

Jable, jade,
janicule, jaspe,
*jauge*, f. jeûne,
*judiciaire*, f.
*justice*, f.

L.

Labyrinthe,
*labeur*, f.
*lame*, f.
lange,
laque, (15)
lares, *larme*, f.
laticlave,
*leçon*, f,
*lettre*, f,
*légitime*, f.
lévitique,
leurre, lexique,
libelle, *lice*, f.
lierre, lièvre,
limbe,
*linge*, f.
*limestre*, f.
linge,
*liste*, f.
lithophyte,
livre, (16)
lobe, lobule,
*loge*, f.
logogriphe,
*loi*, f, lombes,
*loutre*, f, (17)
louvre, lucre,
luxe, lycée,
*Lys*, f, (rivière)

M.

*Mâcle*, f.

---

(14) Un *guide*, celui ou celle qui conduit, *Il est* ou *elle est mon guide*. Il y a *une guide*, qui est une espèce de rêne.

(15) Un beau *laque* de la Chine; *de la belle laque*, gomme ou couleur.

(16) *Un livre bien écrit, une livre de beurre*, ou *une livre tournois*.

(17) *Loutre*, animal, est féminin; *loutre*, chapeau, est masculin.

malaise,
*malérage*, f.
malheur,
*malice*, f.
manche, (18)
mânes,
*manicle*, f.
manipule,
*matrice*, f.
manque,
marbre,
martyre,
masque,
massacre;
mausolée,
*maxime*, f.
Méandre,
médianoche,
mélange,
membre,
mémoire, (19)
ménisque,
mensonge,
*mer*, f.
*merci*, f. (20)
mercure,
mérite,
merle,
mésaise,
météore,
meuble,
microscope,
*milice*, f.
*mitre*, f.
mode, (21)
modèle,
module,
*moisson*, f.
*moitié*, f.
môle (*jettée*),
monde,
monocorde,
monologue,
monopole,
monticule,
*montre*, f.
*mort*, f.
moufle, (22)
moule, (23)
mufle,
multiplicande,
murmure,
musée.

N.

*Nage*, f.
naphte,
narcisse,
navire,
*nef*, f.
*neige*, f.
négoce,
nimbe,
*noix*, f.
*notice*, f.
nombre, *nuit*, f.
*nummulaire*, f.

O.

Oaxe,
obélisque,
œuvre, (24)
ogre, olympe,
ombre, (*jeu*).
on, (25), ongle,
opprobre,
opuscule,
orbe, ordre,

---

(18) *Le manche d'un instrument, la manche d'un habit.*

(19) *Mon mémoire est sorti de sa mémoire.*

(20) *Merci* est masculin dans le sens de remercier.

(21) *Mode*, manière d'être, est masculin; *mode*, vogue.

(22) *Moufle*, poulie, est masculin; *moufle*, gant est féminin.

(23) *Moule*, modèle, est masculin; *moule*, poisson, est féminin.

(24) On dit: *le grand œuvre, le premier œuvre de Guétry*; et *une bonne œuvre*.

(25) *On est heureux quand on est bien portant; on est heureuse quand on est fille; on est égaux*, quand on s'aime. *Voy.* dans la syntaxe les mots *on, gens, œuvre*, etc.

opprobre,
opuscule,
orbe, ordre,
orge, (26)
ovale,
*outre*, f.

P.

Pacte, pactole,
*page*, f.
pagne,
*paire*, f. *paix*, f.
*palestre*, f.
*palme*, f. (27)
pampre,
panache,
pancrace,
panégyrique,
pantographe,
*pantomime*, f.
paradoxe,
paragraphe,
parallèle, (28)
paraphe,
parapluie,
parère,
parjure,
parnasse,
*paroi*, f.
*part*, f.
parterre, paté,
patrimoine,
*peau*, f.
*paume*, f.
pédicule,
pécule,
peigne,
Peloponèse,
pénates,
pendule, (29)
pène,
pentacorde,
pentateuque,
*perdrix*, f.
péricondre,
périgée,
périnée,
période, (30)
péritoine,
Permesse,
personne, (31)
*peste*, f.
pétale,
peuple, phare,
phénomène,
phoque,
phosphore,
Pinde, *piste*, f.
*pitié*, f. *plage*, f.
planisphère,
plébiscite,
pleurs, *pl.*
*plume*, f.
poile, (32)
poivre, *poix*, f.
pôle,
*police*, f.
polype,
polypode,
*pomme*, f.
poncire,
ponte (*terme de jeu*)
pore, porche,
porphyre,
portique,
*poste*, f. (33)
pouce,

---

(26) *Orge*, d'après M. Domergue, et son étymologie *hordeum*, est toujours masculin.

(27) *Palme*, prix de la victoire; *un palme*, mesure.

(28) On dit : *faire parallèle entre deux choses*, *et tirer une parallèle*, c'est-à-dire une ligne parallèle à une autre.

(29) *Pendule*, poids pendu à une verge et qui se meut, est masculin; *pendule*, sorte d'horloge, est féminin.

(30) *Période* dernier point d'*une période*, est masculin.

(31) *Personne* n'est mécontent de *sa personne*.

(32) *Poêle* ou *poile* n'est féminin que dans la *poêle à frire*.

(33) Il est à *son poste*, à *la poste* aux lettres.

pourpre, (34)
*poutre*, f.
*prame*, f.
préambule,
précepte,
précipité,
prêche,
prélude,
*prémices*, f. *pl.*
prépuce,
prétexte, (35)
*prime*, f.
prologue,
prône,
prostates, *pl.*
protocole,
pygmée,
pylore,
pyrénées,

Q.

*Quadragésime*, f.
quadrille (*jeu*),
*quasimodo*, f.
quaterne,
quinconce,
quine,
quinquenove,
quinquerce.

R.

Râble, *rage*, f.
*rame*, f.
*rançon*, f.
*réforme*, f.
règne,
régule,
relâche, (36)
remède,
*rencontre*, f.
renne,
repère,
reproche,
rève,
réverbère,
Rhône,
rièble,
*reine*, f.
risque,
rôle,
rouable,
rouble.

S.

Sable.
sabre,
sacerdoce,
sacre,
*salicaire*, f.
*serge*, f.
Scamandre,
scandale,
schène, scion,
scrupule,
*scrophulaire*, f.
seigle,
*seime*, f.
sénatus-consulte,
sépulcre,
sexe,
*sexte*, f. (heure canoniale)
signe,
silence,
simple, (*plante*,)
simulacre,
singe,
sirvente,
site,
socque,
*soif*, f.
solde, (37)
*somme*, f. (38)
soliloque,
songe,
*soubreveste*, f.
souffle,
soufre,

---

(34) *La pourpre* ne défend pas *du pourpre*; voilà *du beau pourpre*.

(35) César chercha *un prétexte* pour prendre *la prétexte*.

(36) Les marins disent: *une relache*, comme les enfants de chœur, *une dernière évangile*, etc. *Voy.* note 10, *pag.* 154.

(37) On dit: *le solde* d'un compte, et *la solde* de l'armée.

(38) *Dormir un somme*; hors de là il est féminin.

sourire,
souris, (39)
spadille,
spondée,
squelète,
squirre,
stade, stigmate,
stockfiche,
store, subside,
sucre,
*surdent*, f.
symbole,
synode,

T.

Tarse, tartare,
télégraphe,
télescope,
temple, ténare,
terne, testicule,
thyrse, Tibre,
*tige*, f. timbre,
tintamarre,
tithymale,
*toge*, f.
tonnerre, torse,
*tour*, f. (40)
*toux*, f. toxique,
traité, *trame*, f.
trèfle,
*tribu*, f.
tribule,
*trirème*, f.
triomphe, (41)
trochisque,
troène, trône,
trope, trophée,
tropique,
trouble,
*tourtre*, f. tube,
tubercule,
*tuile*, f.
tumulte,
tuorbe, type.

U.

Ulcère.

V.

*Varice*, f.
vase, (42)
vaudeville,
véhicule,
ventricule,
vêpre, (43)
verbe,
verre, *vertu*, f.
*veste*, f.
vestibule,
Vésuve,
viatique,
*victime*, f.
*victoire*, f.
vide, *vigile*, f.
vignoble,
vinaigre,
violoncelle,
*vis*, f. *vitre*, f.
*volige*, f.
viscère,
voile, (44)
*voix*, f.
vulnéraire,

Z.

Zèle,
zodiaque.

---

(39) *Souris*, petit animal, est féminin; *souris* pour *sourire* est masculin.

(40) *Tour*, édifice, est féminin; hors de là, il est masculin.

(41) C'est *son triomphe* quand il joue à *la triomphe*.

(42) Il a laissé tomber *un vase* dans *la vase*.

(43) Je vous souhaite le *bon vêpre*, c'est-à-dire le *bon soir*; hors de là on dit: *les vêpres*, et on féminise ce mot: *les vêpres siciliennes*.

(44) *Voile*, servant à cacher, est masculin; servant à mouvoir, il est féminin: *voilà un beau voile, voguer à pleines voiles*.

## II. OLIGOGÈNES,

### OU RÈGLES PARTICULIÈRES,

*Dont chacune détermine le genre d'un groupe de substantifs.*

SONT MASCULINS,

*D'après le rapport idéologique :*

ALEXANDRE, *âne*, et autres noms exprimant des objets mâles.

*Borée*, *ange*, *génie*, *centaure*, et autres noms désignant des objets qu'on a coutume de se figurer comme mâles.

*Centime*, *gramme*, *stère*, *litre*, et autres noms de la nomenclature décimale.

*Dimanche*, *décembre*, *vendémiaire*, et autres noms de jours et de mois.

*Etain*, *mangonèse*, *platine*, et autres noms de métaux et demi métaux. (45)

*Frêne*, *hièble*, et autres noms d'arbres et d'arbrisseaux. (46)

---

(45) L'immortel réformateur de la langue chimique, qui fait tous les métaux du genre masculin, n'excepte point le platine.

Cet oracle est plus sûr que celui de Calchas.

Il faut aussi masculiser, comme l'observe M. Butet, tous les corps dits élémentaires, *l'oxigène*, *l'hydrogène*. etc: et les composés binaires, comme les *sulfates* et les *sulfites*, les *nitrates* et les *nitrites*, etc.

(46) Dans notre première édition nous n'avons excepté qu'*aubépine*, *épine*, *ronce*, *yeuse*. M. Butet, qui nous a communiqué son travail encore inédit sur le genre et dont nous empruntons les belles règles G et Y, nous a fait ajouter la *bourdaine* et la *vigne*.

*Gruyère* (*du*), *du malvoisie*, *du sigovie*, *un cachemire*, et autres noms de lieux employés pour exprimer leurs productions de genre masculin, comme *fromage*, *vin*, *drap*, etc. (47)

*Huitième* (le), *le quantième*, *un quadruple*, et autres adjectifs pris substantivement pour exprimer une partie ou un multiple d'un tout.

*Iroquois* (il sait l'), *le basque*, et autres mots désignant un langage ou idiôme.

*Jaune* (le), *le rouge*, *le juste*, et autres adjectifs pris substantivement et abstractivement pour désigner *ce qui est jaune*, etc.

*Coiffe-jaune* (*un*), *un croc-en-jambe*, et autres mots composés où le mot principal exprimé ou sous-entendu est masculin.

*Lave-mains* (*un*), *un coupe-pâte*, et autres mots composés dont le premier est verbe. (48)

*Manger* (*le*), le *boire*, un *car*, un *si*, un *qu'en-dira-t-on*, et autres mots ou phrases substantifiés par accident.

## Rapport lexique.

*Ni-tre*, *mons-tre*, et autres mots en... TRE. (49)
*Orif-ice*, et autres mots en.......... ICE. (49)
*Presby-tère*, et autres mots en........ TÈRE. (50)
*Cri-me*, *dra-me*, et autres mots en... ME. (49)
*Re-ste*, et autres mots en............ STE. (49)
*Siè-cle*, *mira-cle*, et autres mots en... CLE. (49)

---

(47) Cette règle ne serait point applicable si les produits étaient féminins, comme de la *toile*, des *dentelles*; car on dit de la *belle crotone*, une *belle valencienne*.

(48) L'Académie contre toute analogie fait du féminin quelques-uns de ces composés, tels que *passe-rage*, *passe-pierre*, *perce-feuille*, *perce-neige*,

(49) Les exceptions sont fondues dans la grande liste alphabétique des monogènes, *pag.* 151, etc.

(50) *Artère* seul est excepté.

*Terri-toire*, et autres mots en........TOIRE. (49)
*Usa-ge*, et autres mots en...........GE. (49)
*Volat-ile*, *conc-ile*, *st-yle*, et autres mots en ILE. (49)

SONT FÉMININS,

*D'après le rapport idéologique :*

*Xantippe*, *Alecton*, *brebis*, et autres noms désignant un sexe féminin.
*Yves* (*la Ste.*), *la mi-août*, *la mi-carême*, *la toussaint*, et autres noms de fêtes. (51)

RAPPORT LEXIQUE.

*Aridité*, *aspérité*, et autres mots en... TÉ. (52)
*Bénédiction*, *combustion*, *contusion*, *connexion* et autres mots en TION, SION, XION (53)
*Comparaison*, *cloison*, et autres mots en SON. (54)
*Douleur*, *douceur*, et autres mots en.. EUR, (55)

---

(51) M. Butet n'excepte que *noël*, *carnaval*, *pâque* ou *pâques*, jour de la résurrection : *quand pâque* ou *pâques sera venu*. Mais au pluriel on dit *pâques fleuries*, *pâques closes*, faire *de bonnes pâques*; *la pâque* des juifs est toujours du féminin.

(52) Les seuls masculins sont *aparté*, *arrêté*, *comité*, *comté*, *côté*, *été*, *pâté*, *précipité* et *traité*.

(53) Il n'y a de masculins que *bastion* et *scion*.

(54) *Blason*, *diapason*, *gazon*, *horizon*, *oison*, *poison* et *tison*, sont seuls masculins.

(55) Il n'y a d'exceptés que *bonheur*, *chœur*, *cœur*, *honneur*, *labeur*, *malheur*, *pleur*, un *pleur éternel*, BOSSUET.

# III° POLYGÈNES

## OU RÈGLES GÉNÉRALES.

*Escalier*, et autres substantifs non terminés par un E muet, que nous appelerons *sonoriformes*, sont masculins, à moins qu'ils ne soient compris dans les monogènes *pag.* 151, ou dans les oligogènes.

*Feuille*, *oublie*, *embages*, et autres noms terminés par un E muet, que nous appelerons *mutiformes*, sont féminins, à moins qu'ils ne soient compris dans la liste des monogènes *pag.* 151, ou dans les règles des oligogènes.

## MANIÈRE

*D'apprendre en peu de jours le genre de tous les substantifs français, d'après le traité que nous venons de donner.*

Nos 24,000 substantifs y sont distribués en trois ordres;

Savoir: 1° les MONOGÈNES, *pag.* 151 *et suiv.*, qui n'en forment pas la 30e partie;

2° les OLIGOGÈNES ou groupes de mots, soumis à des règles particulières au nombre de 28, dont les vingt-quatre premières sont numérotées depuis A jusqu'à Y, et les quatre dernières par A, B, C, D *bis*. Ils comprennent un très grand nombre de mots;

3° les POLYGÈNES, réglés par les mots *escalier* et *feuille*, qui forment la très-grande majorité des substantifs.

Ire OBSERVATION. Toutes les règles des oligogènes fondées sur le rapport idéologique sont sans exception, et n'exigent jamais le recours à la liste, *pag.* 151 *et suiv.* elles sont au nombre de 15.

IIe OBSERVATION. Les règles A, B, C, D *bis*, quoique fondées sur le rapport lexique n'exigent jamais non plus le recours à la liste.

IIIe OBSERVATION. La liste si effrayante *pag.* 151, peut être plus ou moins réduite en cette sorte : on se fait dicter tous les mots de cette liste. On rejette 1°, tous les mots inutiles ou trop peu usités ; 2°, tous ceux dont on connaît déjà le genre ; et l'on fait des autres une plus ou moins petite liste, bientôt on la fait encore moindre. Alors il ne reste plus à connaître que les oligogènes et les deux règles générales.

IVe OBSERVATION. Tous les oligogènes sont montrés par des chefs de file, dont l'ordre est marqué par celui des lettres de l'alphabet. Il est donc toujours facile de se rappeler toutes leurs règles, en parcourant l'abécé, l'A donne *Alexandre*, le B, *Borée*, etc. le G, *du gruyère*, etc. l'A *bis*, donne *Aridité*, etc.

Ve OBSERVATION. Les règles générales des polygènes ne présentent d'idées positives qu'autant qu'on connaît les monogènes et les oligogènes, et qu'on sait que le mot donné n'est compris ni dans les uns ni dans les autres.

Par exemple, on ne sait qu'*Escalier* est masculin, que *Feuille* est féminin qu'autant qu'ils ne sont pas dans la liste des monogènes, et qu'ils ne sont soumis à aucune des règles particulières A, B, C, D, E, F, G, etc. A, B, C, D, *bis*.

La marche que nous avons suivie est donc la seule légitime. A quoi nous eût servi de placer en tête la règle générale ? Une telle règle ne signifie jamais rien que quand on sait les règles particulières et les exceptions qui y dérogent. Le chemin le plus court est donc toujours de commencer par les mots irréguliers, et d'en former une liste à consulter, de donner ensuite les règles particulières, et de finir par où l'on a toujours coutume de commencer.

Soient donnés les mots suivants, dont on veut savoir le genre : *contagion*, *amulette*, *érable*, *pupitre*, *ministère*, *mi-août*, *ambition*. Je cherche d'abord dans la liste des monogènes; j'y trouve *amulette* et *contagion*, je ne vais pas plus loin. Dans la méthode contraire, j'aurais commencé par la règle générale qui m'eût enseigné qu'à moins d'exceptions, *contagion* est du masculin, et *amulette* du féminin; j'aurais donc été obligé de compulser les 28 règles particulières, et la liste des monogènes.

Les autres ayant un genre déterminé par l'idéologie, ou n'étant point dans la liste des monogènes, je cherche dans les oligogènes, et je vois qu'ÉRABLE suit le genre de *frêne*; PUPITRE, celui de *Nitre*; MINISTÈRE, celui de *presbytère*; MI-AOÛT, celui de la *Ste.-Yves*; AMBITION, celui de *bénédiction*.

Celui qui a réduit et possède bien *la liste pag.* 151 *et suiv.*, est passé maître dans la connaissance des genres. (1)

---

(1) On nous demandera pourquoi nous n'avons pas nous-même réduit cette liste? C'est que tels ou tels mots sont inutiles pour les uns, et utiles pour les autres; c'est que tel n'ignore de toute la liste que le genre de cinquante substantifs, un autre en ignore le double, un autre le triple, etc. Et puis, si nous n'avions pas donné une liste complète, on serait resté dans une éternelle inquiétude, ne sachant si le mot donné devait être ou ne pas être dans la liste.

## ERRATA ET SUPPLÉMENT.

PAG. 2, nota : l'É et l'È ayant été fondus en une seule section, qui est la troisième, au lieu de 13 sections, il n'y en a plus que 12 ; EU devient la 4e, I, la 5e, ainsi de suite.

PAG. 5, lisez : »*hache*, »*haro*, aspirez *hallier*, *haloir*, *hamac*, *hameau*, *haras*, et n'aspirez pas *haleine*, *halener*, *hameçon*.

PAG. 7, lisez : *alléluia*, *galimatias*.

PAG. 20, lisez : §. 4, È FINAL.

PAG. 42, lisez : *joaillier*.

PAG. 102, lisez : *diphthongue*.

PAG. 138, lisez : *elle écrit un gobe-mouche*.

*Commence* (*il*) devrait être compris dans l'AN pénultième, *pag.* 15, après le mot *circonférence ;* mais cette omission et toutes celles qui sont déjà venues à notre connaissance sont réparées dans le dictionnaire orthographique.

# TABLE DES MATIÈRES.

FIN.

# LE DIFFÉREND

## BEAUX-YEUX ET DE BELLE-BOUCHE.

---

LLE-BOUCHE et Beaux-Yeux plaidoient pour les honneurs
Devant le juge d'Amathonte.
e-Bouche disoit : Je m'en rapporte aux cœurs,
Et leur demande s'ils ſont compte
De Beaux-Yeux ainsi que de moi.
Qu'on examine notre emploi,
Nos traits, nos beautés et nos charmes.
dis-je? notre emploi! J'ai bien plus d'un métier;
s j'ignore celui de répandre des larmes :
bon cœur je le laisse à Beaux-Yeux tout entier.
atisſait trois sens, eux seulement la vue.
Ma gloire est bien d'autre étendue ;
uïe et l'odorat ont part à mes plaisirs.
tre qu'aux doux propos je joins les chansonnettes,
Belle-Bouche ſait des soupirs
Tels à peu près que les zéphyrs
En la saison des violettes.
sais par cent moyens rendre heureux un amant,

www.ingramcontent.com/pod-product-compliance
Ingram Content Group UK Ltd.
Pitfield, Milton Keynes, MK11 3LW, UK
UKHW021044200726
13857UKWH00003B/802

9 782013 065597